alter ego+

méthode de français

Cahier d'activités

Annie Berthet
Emmanuelle Daill

Catherine Hugot
Monique Waendendries
Professeurs-formateurs à l'Alliance Française de Paris-Île-de-France

hachette
FRANÇAIS LANGUE ÉTRANGÈRE
www.hachettefle.fr

Crédits photographiques

p. 92 : Jacques Carelman, *Le Catalogue des objets introuvables*, © ADAGP, Paris 2006

Autres : Shutterstock

Couverture : Nicolas Piroux

Adaptation graphique et mise en page : Médiamax

Illustrations : Marie-Anne Bonneterre

Correction : Carine Loret

Coordination éditoriale : Claire Dupuis

ISBN : 978-2-01-155811-4

© Hachette Livre 2012, 43, quai de Grenelle, F 75 905 Paris Cedex 15.

SOMMAIRE

Du côté du **LEXIQUE**

› Les langues

❶

Dites dans quelle langue les mots sont écrits.

*Exemple : voyage → C'est écrit **en français**.*

1. *travel* **2.** *viagem* **3.** *viaggio* **4.** путешествие **5.** سفر **6.** 旅行

1. C'est eerit en anglaise **4.** C'esl ecrit enrusse

2. .... **5.** ....

3. .... **6.** ....

› Les nationalités

❷

Trouvez la nationalité de chaque diplomate.

Exemple : → C'est un diplomate **marocain**.

1.   **2.**   **3.**   **4.**

1. C'est un diplomate allemand
2. C'est un diplomate chinois
3. C'est un diplomate espagnol
4. C'est un diplomate italien

› Les nombres

❸ 🔘1

Écoutez et écrivez le numéro des portes.

*Exemple : Amsterdam : embarquement porte **15**.*

1. Chicago : embarquement porte .... **4.** Kyoto : embarquement porte ....

2. Sydney : embarquement porte .... **5.** Londres : embarquement porte ....

3. Lyon : embarquement porte .... **6.** Dubai : embarquement porte ....

4

Écrivez le total en chiffres puis en lettres.

*Exemple : 20 € + 20 € + 10 € + 3 € = **53** € (**cinquante-trois** euros)*

1. 5 € + 5 € + 8 € = ...18.€.... dix huit
2. 20 € + 10 € + 5 € = 35€ trente-cinq
3. 20 € + 10 € + 10 € + 2 € = 42€ quarante et deux
4. 20 € + 20 € + 20 € + 5 € + 2 € = 67€ soixante et sept
5. 24 € + 17 € + 9 € + 1 € = 51€ cinquante et un

Du côté de la GRAMMAIRE

› Le masculin et le féminin des adjectifs de nationalité

5

Observez les noms des passagers. Complétez les nationalités.

Vol AF 1426   **New York-Paris**

mademoiselle Patricia TRACE   canad.*ienne*

monsieur Franz MULLER   autrich.*ien*

monsieur Michal KIESLOWSKI   polon.*ais*

madame Sofia VOLGOROF   russ.*e*

monsieur Mathias LORENZ   alleman.*d*

mademoiselle Suzy PARKER   améric.*aine*

madame Pierrette LEGRAND   franç.*aise*

monsieur Yong QIU   chin.*ois*

› Le genre des noms de pays

6

Complétez avec *le, la, l'* ou *les*.

Exemple : **Football** *Finale : Italie-France* → *Finale : **L'**Italie contre **la** France.*

1. Finale : Mexique-Angleterre — Le Mexique contre L'Angleterre
2. Finale : Espagne-Pays-Bas — L'Espagne contre Le Pays-Bas
3. Finale : Maroc-Belgique — Le Maroc contre Le Belgique
4. Finale : Corée-Venezuela — La Corée contre Le Venezuela
5. Finale : Irlande-États-Unis — L'Irlande contre les États Unis
6. Finale : Argentine-Mozambique — L'Argentine contre La Mozambique

› Les pays et les nationalités

7

Observez la liste et dites quels pays sont représentés dans la classe.

Exemple : André : canadien → le Canada

Cours de français – débutants
1. Farida : marocaine
2. Gene : philippin
3. Keiko : japonaise
4. Keyvan : iranien
5. Melina : grecque
6. Soren : danois
7. Maria : italienne

....

....

....

....

....

....

....

› Les verbes *être* et *s'appeler*

8

Complétez avec *je*, *tu*, *il*, *nous*, *vous* ou *ils*.

1. – Bonjour, ... m'appelle Marco Ferrero, ... suis italien. Et vous ? .... êtes ?

– Moi, ... m'appelle Sonia Pages, ... suis espagnole. Et voici mes collègues,

monsieur et madame Da Silva. .... sont brésiliens.

– Ah, ... êtes brésiliens ! Alors .... parlez portugais !

2. – .... t'appelles Helena, c'est ça ?

– Non, ... m'appelle Tania. Et voici Helena. .... sommes russes. Et Boris aussi,

.... est russe comme nous.

9

Complétez avec les verbes *être* ou *s'appeler* à la forme correcte.

1. – Bonjour, je .... Elena Gravas, je .... grecque. Et vous ?

– Moi, je .... japonaise. Je .... Yoko Mitsuko.

2. – Nous, nous .... belges. Nous nous .... Paul et Martin.

– Et Marc et Laurence .... belges aussi ?

– Non, ils .... suisses.

3. – Qui est-ce ?

– C'est le pilote de l'Airbus A380. Il .... Thierry Morand, il ....

français.

4. – Je .... américaine, et toi, tu .... française ?

– Oui, je .... française.

Du côté de la **COMMUNICATION**

› **Se présenter**

❿

Cochez la phrase correcte.

1. Pour épeler le prénom.
☐ **a.** Je m'appelle Elisabeth.
☐ **b.** E-L-I-S-A-B-E-T-H.
☐ **c.** C'est Elisabeth.

2. Pour dire la nationalité.
☐ **a.** Je parle anglais.
☐ **b.** Il s'appelle Tom.
☐ **c.** Je suis anglais.

3. Pour demander le nom.
☐ **a.** Vous êtes américain ?
☐ **b.** Vous vous appelez comment ?
☐ **c.** Vous parlez quelle langue ?

› **Communiquer en classe**

⓫

Qui parle dans la classe ? Cochez la bonne réponse.	Le professeur	Les étudiants	Le professeur ou les étudiants
1. Écoutez le dialogue.			
2. Comment on dit *travel* en français ?			
3. Comment ça s'écrit ?			
4. Travaillez par deux.			
5. Comment ça se prononce ?			
6. Soulignez les questions.			
7. Répétez la phrase.			
8. Je ne comprends pas.			
9. C'est à quelle page ?			
10. Je ne sais pas.			

En situation

› **L'identité**

⓬

Écoutez et complétez les fiches des étudiants.

1.
Prénom : ....
Nationalité : ....

2.
Prénom : ....
Nationalité : ....

3.
Prénom : ....
Nationalité : ....

Du côté du LEXIQUE

❯ Les jours de la semaine

❶

Réécrivez les jours de la semaine dans l'ordre.

*mardi – jeudi – lundi – dimanche –
samedi – mercredi – vendredi*

Lundi, ...

....

....

❯ Les personnes

❷

Trouvez le masculin ou féminin correspondant.

1. une dame : ....

2. un homme : ....

3. une fille : ....

4. un jeune homme : ....

   ou ....

❯ Les matières étudiées à l'université

❸

À l'aide des dessins, trouvez le nom de chaque matière.

Exemple : ➔ *le commerce international*

1.   2.   3.   4.

1. ....

2. ....

3. ....

4. ....

Du côté de la GRAMMAIRE

❯ Les pronoms personnels

❹

Complétez avec *tu*, *vous* ou *je*.

1. – Bonjour, ... me présente :

   .... m'appelle Mathias Lorenz,

   .... suis allemand. Et .... ?

   – .... m'appelle Maria, ...

   suis polonaise.

   – .... êtes étudiante ?

   – Non, ... suis professeur.

2. – Bonjour Alice, ... vas bien ?

   – Oui, bien, et toi ?

   – Ça va.

3. – .... t'appelles comment ?

   – Amina.

   – .... es française ?

   – Oui, et toi ?

› L'article défini – l'adjectif possessif

❺

Complétez le message avec *le, la, l', les, votre* ou *vos*.

Université Blaise Pascal ▰▰▰▰▰▰▰▰▰▰▰▰▰▰▰▰▰▰▰▰▰

COCKTAIL DE BIENVENUE, samedi 1ᵉʳ septembre à 18 heures

Complétez .... *fiche :*

.... nom :   .... âge :

.... prénom :   .... nationalité :

.... études : ❑ .... littérature française

                              ❑ .... espagnol

                              ❑ .... français

.... *présence est importante !*

› L'adjectif possessif

❻

Complétez avec *mon, ma, mes, votre* ou *vos*.

1. Pour une inscription sur Interlingua, je communique .... profil avec .... photo, je précise .... jours libres et les noms de .... contacts.

2. Bonjour, je suis .... professeur de français. Écrivez sur .... fiche : .... nom, ... nationalité, ... âge, ... coordonnées et .... langue maternelle.

› Les verbes *être* et *avoir*

❼

Complétez avec *être* ou *avoir* à la forme correcte.

1. – Tu .... américain ?

   – Non, je .... anglais.

   – Tu .... quel âge ?

   – Je .... vingt ans.

2. – Nous .... une amie super, elle .... espagnole et elle .... étudiante en économie.

   – Vous .... des amis français ?

   – Non, ils .... étrangers.

3. – David et Pedro .... brésiliens ?

   – Non, David .... américain et Pedro .... espagnol.

   – Mais David ne .... pas l'accent américain !

4. – Les professeurs .... bons ?

   – Oui, mon professeur d'économie .... super ! Mais nous .... beaucoup de travail !

⟩ La négation *ne... pas*

❽

Complétez les phrases pour indiquer les erreurs.

*Exemple : Non, non, il **n'**est **pas** professeur, il est étudiant.*

1. Non, non, je .... Carlos Marquez, je m'appelle Carlos Lopez !

2. Non, non, elle .... allemande, elle est suédoise.

3. Non, non, ils .... le mardi après-midi libre, ils ont le mardi matin libre.

4. Non, non, nous .... étudiants en architecture, nous sommes étudiants en littérature.

5. Non, non, vous .... un accent français, vous avez un accent belge.

6. Non, non, le jeudi tu .... cours le matin, tu as cours l'après-midi.

7. Non, non, je .... 20 ans, j'ai 22 ans !

Du côté de la **COMMUNICATION**

⟩ Saluer et prendre congé

❾

Pour chaque situation, cochez les deux phrases correctes.

1. Vous saluez de manière formelle.
   - ☐ **a.** Bonjour, madame, vous allez bien ?
   - ☐ **b.** Bonsoir, monsieur, comment allez-vous ?
   - ☐ **c.** Salut, Marion, ça va ?

2. Vous prenez congé de manière formelle.
   - ☐ **a.** Au revoir, mademoiselle, à lundi !
   - ☐ **b.** Salut, à bientôt !
   - ☐ **c.** Au revoir, monsieur, à demain !

3. Vous saluez de manière informelle.
   - ☐ **a.** Salut ! Ça va ?
   - ☐ **b.** Bonsoir, mademoiselle, comment allez-vous ?
   - ☐ **c.** Bonjour, tu vas bien ?

4. Vous prenez congé de manière informelle.
   - ☐ **a.** Au revoir, madame, bonne soirée !
   - ☐ **b.** Salut ! À demain !
   - ☐ **c.** Ciao !

En situation

⟩ Profil

❿

Mettez les informations à la bonne place dans la fiche.

mexicain		Javier Gomez

Louise (France)		J'ai 21 ans.

Je parle espagnol, anglais et français.

J'étudie la littérature française à la Sorbonne.

VOTRE PROFIL

Nom complet : ....

Ma nationalité : *Je suis* ....

Mon âge : ....

Mes études : ....

Langues parlées : ....

Vos contacts : ....

› La journée de Juliette

11  3

Écoutez les dialogues. Associez dialogues et dessins.

a. Dialogue n° **2**

b. Dialogue n° ....

c. Dialogue n° ....

d. Dialogue n° ....

e. Dialogue n° ....

f. Dialogue n° ....

› Les salutations

12

Que disent-ils ? Rédigez vos réponses sur une feuille séparée.

1.   **2.**   **3.**   **4.**

1. Sophie et Isabelle arrivent à l'université et se saluent.

2. Théo part ; il prend congé de M. Langlois, un professeur.

3. Victoria part ; elle prend congé de ses amies.

4. Mathilde et Thomas arrivent dans un bar ; ils saluent Aurélie.

Du côté du LEXIQUE

› Les mois de l'année

❶

Complétez la liste des mois de l'année, comme dans l'exemple.

1. A comme *avril*, comme ....

2. D comme ....

3. F comme ....

4. J comme ...., comme ...., comme ....

5. M comme ...., comme ....

6. N comme ....

7. O comme ....

8. S comme ....

› Les nombres

❷

Écoutez et notez les prix de chaque objet sur l'étiquette.

Exemple :

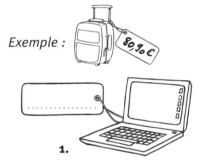

1.

2.

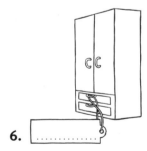

3.

4.

5.

6.

❸

Écrivez les sommes en lettres.

Exemple : 83,25 € → quatre-vingt-trois euros, vingt-cinq (centimes)

1. 138,65 € → ....

2. 72 ,82 € → ....

3. 200,50 € → ....

4. 80,20 € → ....

5. 90,70 € → ....

> ## L'identité

❹

Quelles sont les informations demandées ? Complétez.

GYM-CLUB

Merci de compléter ce formulaire.

.... : *BERGMANN*   .... : *commerce international*

.... : *Alicia*   .... : *114 rue Blanche, Pontoise*

.... : *21 ans*   .... : *06 40 70 80 91*

.... : *allemande*   .... : *berg.al@orange.com*

Du côté de la GRAMMAIRE

> ## L'article indéfini

❺

Complétez avec *un*, *une* ou *des*.

1. Pour une inscription : .... pièce d'identité, ... passeport ou .... carte nationale d'identité, ... photos, ... formulaire d'inscription.

2. Dans une université : .... étudiants, ... professeurs, ... cafétéria, ... cours, ... restaurant universitaire, ... livres.

3. Des lieux dans la ville : .... école, ... université, ... médiathèque, ... magasin.

4. Des personnes : .... employé, ... étudiante, ... enfant, ... professeur, ... jeunes gens.

> ## L'adjectif interrogatif *quel*

❻

Complétez avec la forme correcte.

Au secrétariat de l'université

1. .... est votre nom ?

2. .... est votre prénom ?

3. .... est votre âge ?

4. .... matières étudiez-vous ?

5. .... sont vos coordonnées ?

6. .... est votre numéro de téléphone ?

7. .... est votre adresse ?

8. .... pièces d'identité avez-vous ?

Du côté de la COMMUNICATION

› Demander et donner l'identité

❼

Associez les questions et les réponses.

1. Quel est votre nom ?	**a.** Le 10 juillet 1991.
2. Quelle est votre nationalité ?	**b.** 16 rue Viala, Marseille.
3. Quelle est votre date de naissance ?	**c.** Je m'appelle Louise Diaz.
4. Quelle est votre adresse ?	**d.** dilouise@aol.com
5. Vous avez une photo ?	**e.** Espagnole.
6. Quels sont vos numéros de téléphone ?	**f.** Le 04 45 48 28 32 et le 06 48 47 90 75.
7. Quelle est votre adresse mail ?	**g.** Oui, voilà.

› Donner son numéro de téléphone

❽

Cochez les réponses correctes.

Pour répondre à la question *Quel est votre numéro de téléphone ?*, vous dites :

☐ **1.** C'est le 01 42 58 63 01.

☐ **2.** Mon téléphone a le numéro 01 42 58 63 01.

☐ **3.** Mon numéro est le 01 42 58 63 01.

❾

Regardez la carte des numéros de téléphone et associez le bon numéro à chaque personne.

1. Pierre et Laure Blitz à Lille	**a.** 02 98 44 15 61
2. Jean Joubert à Paris	**b.** 03 28 38 13 22
3. Nicolas Barbus à Bordeaux	**c.** 05 56 92 04 97
4. Martine Charlier à Nice	**d.** 01 42 87 94 00
5. Noëlle Vallas à Brest	**e.** 04 93 64 75 25

En situation

› Les coordonnées

❿ 🎧 💿5

a) **Écoutez et notez le numéro de téléphone des étudiants.**

1. Ricardo : ....

2. Laura : ....

3. Ali : ....

4. Peter : ....

b) **Réécoutez et vérifiez les adresses mail des étudiants (ajoutez les signes quand nécessaire).**

1. Ricardo : ricardo......gomez......free......fr

2. Laura : l......marini......hotmail......com

3. Ali : ali......gordon......gmail......com

4. Peter : p......larsen......aol......com

› Inscription

⓫ 🖊

Vous faites une inscription à l'école de langues. Complétez le formulaire.

```
┌─────────────────────────────────────────────────────────────┐
│                FORMULAIRE D'INSCRIPTION                       │
│                                                               │
│   NOM : ..................................................     │
│   PRÉNOM : ...............................................     │
│   DATE DE NAISSANCE : ....................................     │
│   NATIONALITÉ : ..........................................     │
│   ADRESSE : ..............................................     │
│   NUMÉRO DE TÉLÉPHONE : ..................................     │
│   PORTABLE : .............................................     │
│   ADRESSE MAIL : .........................................     │
│   LANGUES PARLÉES : ......................................     │
│                                                               │
└─────────────────────────────────────────────────────────────┘
```

› Ma carte de visite

⓬ 🖊

Créez votre carte de visite personnelle ou professionnelle.

Du côté du **LEXIQUE**

› Des événements et des sites célèbres

1

a) Retrouvez les noms corrects des événements et des sites.

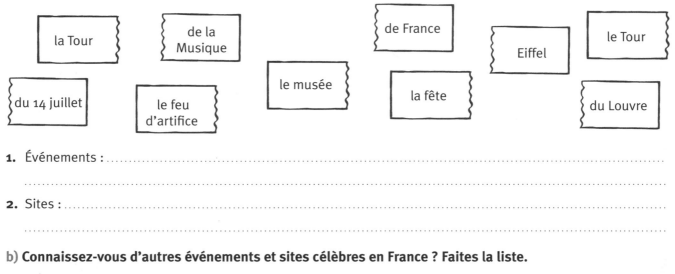

1. Événements : ....
   ....

2. Sites : ....
   ....

b) Connaissez-vous d'autres événements et sites célèbres en France ? Faites la liste.

....

....

....

Du côté de la **GRAMMAIRE**

› Les prépositions et noms de pays

2

Choisissez le pays dans la liste et complétez les informations.

le Maroc – l'Italie – les États-Unis – la Pologne – l'Allemagne – l'Espagne – le Brésil – la France

*Exemple : Je m'appelle Helmut, je vis à Berlin, **en Allemagne**.*

1. Steve est américain, il est né à New York, ... ; mais il vit .... :
   il est étudiant à Paris.

2. Paulo est né à Brasilia, ..., mais il étudie à Rio de Janeiro.

3. Maria est polonaise, elle est née à Varsovie, ...

4. Je m'appelle Carmen, je suis née à Madrid, ...

5. Mohamed est marocain, il travaille à Rabat, ...

6. Je suis italien, je vis à Rome, ...

› Le présent des verbes en *-er*

❸

**Pour chaque dialogue, choisissez le verbe qui convient et écrivez-le à la forme correcte.
(Plusieurs réponses sont parfois possibles.)**

adorer – étudier – parler – désirer – travailler – jouer – habiter – aimer – rêver

À la télévision

1. – Aude Julliard, votre travail, une passion ?

– Oui, je .... du violon dans un grand orchestre ; je .... la musique

classique !

2. – Marielle et Yvan, vous êtes étudiants ?

– Oui, nous .... le journalisme ; nous .... être reporters pour

la télévision.

3. – Flore Bessac, vous .... l'architecture ?

– Non, non, je suis architecte !

– Oh pardon ! Et vous .... à Paris ?

– Oui, je .... beaucoup travailler dans la capitale !

4. – Aujourd'hui, avec nous à la télévision, une femme exceptionnelle : elle est interprète,

elle .... en France et en Afrique, elle .... quinze langues !

5. – Les candidats ce soir de notre jeu *Les Mots de la francophonie* : ils sont professeurs de français,

ils .... dans six pays différents. Ils .... la langue française,

et ils .... de venir en France.

› Les verbes *être* et *avoir*

❹

Imaginez l'identité de ces touristes et faites des phrases avec les éléments des trois colonnes.

Exemple : Gabriela a 25 ans, elle est mexicaine.

		25 ans.
		mexicaine.
		américains.
		une passion : les voyages.
		des amis français.
Gabriela	est	professeurs de français.
Young	a	un numéro de téléphone à Paris.
Steve et Franck	ont	30 et 32 ans.
	sont	chinois.
		étudiante en journalisme.
		architecte.
		27 ans.
		une passion : les langues.

Du côté de la **COMMUNICATION**

> Donner des informations personnelles

5

Associez les éléments. (Plusieurs réponses sont parfois possibles.)

1. Je m'appelle	**a.** au Sénégal.
2. Je travaille	**b.** 35 ans.
3. Je suis	**c.** dans un musée.
4. Je suis né	**d.** médecin.
5. J'ai	**e.** en architecture.
6. Je suis étudiant	**f.** au Maroc.
7. J'habite	**g.** Sandrine.

> Parler de ses passions et de ses rêves

6

a) Pour chaque situation, cochez la formule correcte.

1. Pour exprimer une passion.
☐ **a.** Je travaille dans la musique.
☐ **b.** Je joue de la musique.
☐ **c.** J'adore la musique.

2. Pour exprimer un rêve.
☐ **a.** J'ai une passion : le voyage.
☐ **b.** Je rêve de faire un voyage au Japon.
☐ **c.** Je voyage au Japon.

b) Proposez d'autres formulations pour les deux situations.

1. Pour exprimer une passion : ....

....

2. Pour exprimer un rêve : ....

....

7

Mettez les éléments dans l'ordre correct.

Exemple : un – visiter – : – j' – France – ai – la – rêve
  → J'ai un rêve : visiter la France.

1. être – au – je – candidat – concours – rêve – de – d' – TV5-Monde

....

2. la – c' – littérature – passion – est – ma – , – française

....

3. mon – ? – voyage – France – rêve – faire – en – un

....

4. dans – adore – j' – parisiens – les – aller – bars

....

En situation

› Candidature

8 6

Écoutez le message de présentation d'une candidate à l'émission *Paris, mon rêve*.
Corrigez les erreurs sur sa fiche.

Paris, mon rêve

Nom : Adriana

Âge : 26 ans

Nationalité : mexicaine

Lieu de résidence : Chicago (USA)

Études : psychologie

Passion : les monuments

Rêve : visiter tous les monuments de Paris

› Contacts

9

Lisez le message et nommez
les différents paragraphes.

a. les études et les passions
b. l'objectif du message
c. les informations sur l'identité

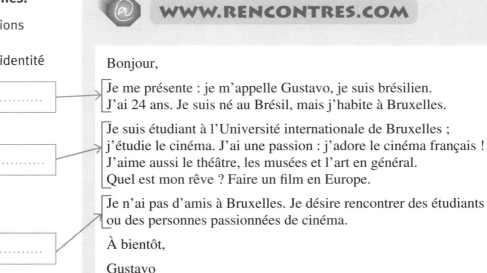

WWW.RENCONTRES.COM

Bonjour,

.... → Je me présente : je m'appelle Gustavo, je suis brésilien.
J'ai 24 ans. Je suis né au Brésil, mais j'habite à Bruxelles.

.... → Je suis étudiant à l'Université internationale de Bruxelles ;
j'étudie le cinéma. J'ai une passion : j'adore le cinéma français !
J'aime aussi le théâtre, les musées et l'art en général.
Quel est mon rêve ? Faire un film en Europe.

.... → Je n'ai pas d'amis à Bruxelles. Je désire rencontrer des étudiants
ou des personnes passionnées de cinéma.

À bientôt,

Gustavo

10

À votre tour, vous déposez un message sur le site www.rencontres.com pour rencontrer des personnes.
Sur une feuille séparée, écrivez votre texte de présentation sur le modèle du message de Gustavo
(informations personnelles, passions et rêves, objectif du message).

Du côté du **LEXIQUE**

› Les lieux de la ville

❶

Trouvez neuf noms de lieux de la ville, cachés dans la grille.

A	Z	R	U	M	A	I	R	I	E	K	S
T	O	F	M	U	G	O	N	N	I	O	U
H	U	H	E	S	B	E	H	I	Z	O	P
E	C	O	L	E	A	M	B	U	M	L	E
A	F	P	I	E	R	A	R	Y	O	R	R
T	H	I	L	L	A	R	U	A	T	E	M
R	E	T	Z	P	E	C	I	N	E	M	A
E	R	A	S	E	C	H	E	T	S	I	R
N	I	L	I	C	H	E	R	K	A	R	C
U	D	A	L	P	E	X	C	W	I	R	H
A	I	U	N	I	V	E	R	S	I	T	E
S	Y	U	N	O	L	R	A	Q	E	E	O

❷

Associez actions et lieux.

1. J'étudie
2. Je lis des livres
3. J'assiste à un mariage
4. Je demande de l'argent
5. Je consulte un médecin
6. Je regarde des tableaux
7. Je regarde un film
8. J'achète des fruits et des légumes

a. à l'hôpital.
b. à l'école.
c. au musée.
d. à la bibliothèque.
e. au cinéma.
f. au marché.
g. à l'église.
h. à la banque.

› La localisation

❸

Indiquez avec des flèches la place des éléments suivants sur le dessin.

– un bateau sous le pont :

– une personne sur le pont :

– un restaurant en face du Café du port :

– un supermarché à côté du Café du port :

– un poisson dans l'eau :

Du côté de la GRAMMAIRE

> Les articles définis et indéfinis

❹

a) Identifiez et nommez l'objet ou le lieu sur chaque dessin.

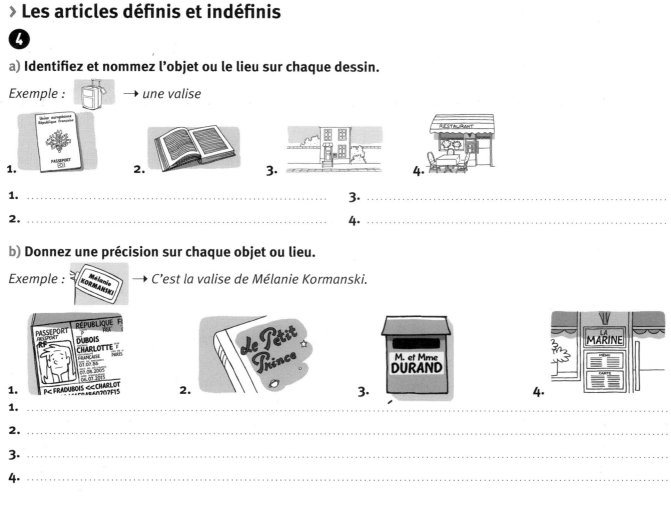

Exemple : → *une valise*

1. ....   3. ....

2. ....   4. ....

b) Donnez une précision sur chaque objet ou lieu.

Exemple : → *C'est la valise de Mélanie Kormanski.*

1. ....

2. ....

3. ....

4. ....

> Les prépositions de lieu

❺

Lisez les textos et entourez la préposition correcte.

1. RDV sur/devant l'école   2. RDV derrière/sur l'église   3. RDV dans/sous la cathédrale   4. RDV dans/sur le pont

❻

Transformez, comme dans l'exemple.

Exemple : Le marché est en face de l'église. → *L'église est en face du marché.*

1. La boulangerie est près du cinéma. ....

2. Les remparts sont à côté du jardin. ....

3. Le musée est à gauche de la mairie. ....

4. Le centre-ville est loin de l'université. ....

❼

Observez les deux dessins et complétez les souvenirs de vacances avec les prépositions correctes.

1.

2.

1. Je suis .... un arbre, ... l'église Saint-Mathurin.

2. Nous sommes .... musée de la Marine. Il y a des tableaux magnifiques

.... ce musée !

Du côté de la **COMMUNICATION**

› **Parler de sa ville**

❽

Un journaliste interviewe une passante. Remettez le dialogue dans l'ordre.

.... **a.** LE JOURNALISTE : Je vous remercie, madame.

.... **b.** LA PASSANTE : Oh ! Parce que c'est un endroit tranquille et parce qu'il y a des sculptures magnifiques.

.... **c.** LE JOURNALISTE : Pourquoi aimez-vous ce musée ?

.... **d.** LA PASSANTE : Oui, très bien, j'habite ici.

.... **e.** LE JOURNALISTE : Première question : Est-ce que vous avez un endroit préféré dans votre ville ?

.... **f.** LA PASSANTE : Oui, j'aime beaucoup le musée Hamont en face de la mairie.

.... **g.** LE JOURNALISTE : Pardon, madame, vous connaissez bien la ville ?

.... **h.** LA PASSANTE : Oui, bien sûr, je vous écoute.

.... **i.** LE JOURNALISTE : Je peux vous poser quelques questions ? Je suis journaliste à *Hebdomag*.

› **Donner une explication**

❾ 🔘7

Lisez les questions suivantes et écoutez les réponses. Associez questions écrites et réponses orales.

a. Pourquoi allez-vous à la boulangerie du centre ? → n° **1**

b. Pourquoi êtes-vous à la maison le mercredi ? → n° ......

c. Pourquoi aimez-vous votre ville ? → n° ......

d. Pourquoi téléphonez-vous ? → n° ......

e. Pourquoi avez-vous deux passeports ? → n° ......

f. Pourquoi êtes-vous à l'université ? → n° ......

En situation

> ## Témoignages

10

a) Lisez ces deux annonces, puis la réponse d'une personne. Dites à quelle annonce la personne répond.

☐ **1.** France TV recherche des témoignages pour son émission *Ma vie, ma ville*. Vous aimez votre ville ? Vous avez un endroit préféré dans votre ville ? Écrivez-nous : maviemaville@france.tv

☐ **2.** L'équipe de France TV recherche des habitants de votre ville. Vous voulez participer au film *Ma vie, ma ville* ? Écrivez-nous : maviemaville@france.tv

De : fmorlaix@hotmail.fr

Bonjour,

J'habite à Cergy et j'adore ma ville !

J'ai, bien sûr, un endroit préféré : c'est le jardin des Plantes.

Il se trouve près du centre-ville. Pourquoi j'aime cet endroit ?

Parce qu'il y a toujours beaucoup de fleurs et parce que c'est un endroit tranquille.

Florence Morlais

b) Où apparaissent les informations suivantes ? Placez les intitulés donnés dans les cases.

a. justifier son choix – **b.** localiser un lieu – **c.** dire la ville de résidence – **d.** exprimer ses goûts – **e.** nommer un lieu

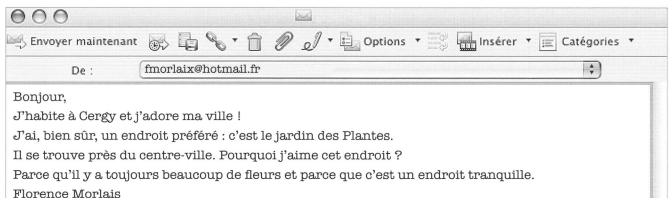

Bonjour,

J'habite à Cergy

et j'adore ma ville !

J'ai, bien sûr, un endroit préféré : c'est le jardin des Plantes.

Il se trouve près du centre-ville.

Pourquoi j'aime cet endroit ?

Parce qu'il y a toujours beaucoup de fleurs et parce que c'est un endroit tranquille.

Florence Morlais

1. ....
2. ....
3. ....
4. ....
5. ....

11

a) Lisez le message suivant.

villeschéries.com

Vous aimez votre ville, mais vous connaissez bien et aimez aussi d'autres villes (ville où vous êtes né, ville où vous passez vos vacances, etc.) ? Écrivez-nous !

b) Vous répondez au message du site villeschéries.com sur une feuille séparée. Écrivez votre message sur le modèle du message de Florence Morlais (indiquez le nom de la ville que vous aimez).

Du côté du **LEXIQUE**

› L'hébergement

❶

Barrez l'intrus.

Exemple : lavabo – salle de bains – ~~carte d'adhérent~~ – douche – toilettes

1. hôtel – auberge de jeunesse – hôtel de ville – chambre d'hôtes

2. cuisine commune – suite de luxe – douches à l'étage – draps inclus – chambre à six lits

› L'itinéraire

❷

Barrez l'intrus.

1. descendre – aller – monter – habiter – continuer

2. voyager – traverser – tourner – prendre la rue à droite

❸

Trouvez dans la grille le mot qui correspond à chaque définition.

1. Il traverse la rivière : _ _ _ _

2. Grande rue : _ _ _ _ _ _ _ _

3. En général elle est ronde ou carrée : _ _ _ _ _

4. Petite avenue : _ _ _

5. Grande rue : _ _ _ _ _ _

P	R	B	A	C	O	V	I
O	P	O	N	T	E	G	O
C	T	U	U	L	Q	A	R
F	P	L	A	C	E	M	D
T	Y	E	H	D	Z	U	R
D	X	V	I	J	A	T	U
I	F	A	V	E	N	U	E
A	E	R	S	L	I	W	M
Z	S	D	G	B	V	A	U

❹

Complétez les indications avec les mots suivants.

droit – place – pied – sur – droite – rue

Pour aller à .... à la gare : prendre la .... Blanche, continuer tout ...., traverser la .... Stanislas, tourner à ...., boulevard Gambetta. La gare se trouve .... la gauche.

Du côté de la **GRAMMAIRE**

> **Poser des question pour s'informer**

5

Transformez les affirmations en questions.

Exemple : L'auberge est ouverte en octobre. → *L'auberge est ouverte en octobre ?*
→ *Est-ce que l'auberge est ouverte en octobre ?*

1. Le petit déjeuner est inclus dans le prix. → ....

→ ....

2. Il y a des chambres à trois lits. → ....

→ ....

3. Vous restez trois nuits. → ....

→ ....

4. Les toilettes sont à l'étage. → ....

→ ....

5. Vous réservez une chambre pour deux personnes. → ....

→ ....

6. Vous téléphonez pour une réservation. → ....

→ ....

7. Vous avez une adresse mail. → ....

→ ....

8. Vous désirez une chambre avec vue sur la mer. → ....

→ ....

> **Les verbes au présent, pour indiquer un itinéraire**

6

Complétez les minidialogues avec les verbes suivants au présent. (Plusieurs réponses sont possibles.)

traverser – prendre – descendre – tourner – continuer – aller

1. – Pardon, monsieur, la place de la Nation, s'il vous plaît ?

– Vous .... tout droit puis vous .... la première à gauche.

2. – Allô ? Nous sommes devant le Pont-Neuf ; nous .... la rivière ?

– Oui, et après vous .... tout de suite à gauche après le pont.

3. – S'il te plaît, pour aller à la gare ?

– Tu .... tout droit, puis tu .... la troisième rue à droite après le cinéma.

4. – Comment ils .... à l'école ?

– Ils .... le bus 32 et ils .... à l'arrêt Pont-Neuf.

5. Elle .... à la gare d'Annecy ou elle .... ?

Du côté de la **COMMUNICATION**

› S'informer

7

Écoutez les questions et identifiez qui parle : un client ou le réceptionniste ?

	1	2	3	4	5	6	7	8
Un client								
Le réceptionniste								

› **Réserver une chambre/Indiquer un itinéraire**

8

Reconstituez les deux dialogues.

1. Oui, nous avons une chambre double avec salle de bains.
2. C'est un peu loin. Vous prenez la rue devant vous, vous allez tout droit. Le supermarché se trouve à 500 mètres.
3. C'est entendu, à ce soir, madame.
4. C'est très bien. Je réserve donc une chambre double pour ce soir au nom de M. et Mme Jalliet.
5. Pardon, monsieur, je cherche le supermarché.
6. Et il y a un bus ?
7. Bonjour, monsieur, vous avez une chambre libre pour ce soir ?
8. Non, il n'y a pas de bus dans cette direction.

À la réception de l'hôtel

– ....
– ....
– ....
– ....

Dans la rue

– ....
– ....
– ....
– ....

En situation

› Donner des informations sur un hôtel

9 📖

Lisez le mail et dites où apparaissent ces informations. Placez les intitulés donnés dans les cases.

a. le prix
b. les caractéristiques de la chambre
c. l'itinéraire pour aller à l'hôtel
d. la possibilité de venir avec un animal
e. la localisation dans la ville

Envoyer maintenant | Options ▼ | Insérer ▼ | Catégories ▼

De : | De : info@hoteldumoulin

Bonjour,

En réponse à votre mail du 15 juin, voici les informations demandées :

– Notre hôtel est situé dans le centre-ville.

– Quand vous sortez de la gare, prenez la 1re rue à droite (rue du Moulin), l'hôtel se trouve dans cette rue.

– Les chambres doubles sont à 70 euros.

– Le petit déjeuner est inclus dans ce prix.

– Toutes nos chambres sont équipées de salle de bains.

– Nous acceptons les petits animaux.

Cordialement,

La direction

....

....

....

....

....

› Demander des informations sur un hôtel

10 ⏱

Imaginez le mail envoyé le 15 juin pour demander des informations sur l'hôtel du Moulin. Sur une feuille séparée, écrivez le message (vos questions correspondent aux informations demandées dans l'activité 9).

Envoyer maintenant | Envoyer ultérieurement | Signature ▼ | Options ▼ | Insérer ▼ | Catégories ▼

Bonjour,

Merci de me donner les informations suivantes sur votre hôtel ....
....

Du côté du **LEXIQUE**

> ### Les activités de vacances

❶

Associez les éléments.

1. Je visite
2. Je me promène
3. Je fais
4. Je passe
5. Je me baigne

a. du shopping.
b. à la plage.
c. des musées.
d. dans la ville.
e. des vacances merveilleuses.

Du côté de la **GRAMMAIRE**

> ### Les adjectifs démonstratifs

❷

Complétez avec *ce, cet, cette* ou *ces*.

À l'hôtel : un employé et des clients

1. Monsieur, vous avez .... deux valises avec vous ?

2. Madame, vous avez .... chambre avec vue sur la mer.

3. Vous pouvez remplir .... formulaire, s'il vous plaît ?

Dans un musée : un guide et des touristes

4. Mesdames, messieurs, regardez .... architecture extraordinaire ! .... château date du 19ᵉ siècle.

5. .... salle est la célèbre salle des Ambassadeurs.

6. En 1780, le roi Louis 14 habite dans .... région.

Dans un train : un enfant avec sa mère

7. Maman, regarde .... voitures, elles vont vite !

8. Je veux .... place près de la fenêtre !

9. Pourquoi le train ne s'arrête pas à .... endroit ?

À la poste : un employé et des clients

10. Vous pouvez écrire .... adresse en français ?

11. .... carte postale vient de quel pays ?

12. Quel est le code postal de .... ville ?

13. .... deux premiers chiffres indiquent la région.

❯ Les prépositions pour indiquer le pays de provenance

❸

Observez les tampons sur le passeport de Thierry et dites d'où il vient.

1.

2.

3.

4.

5.

1. ....

2. ....

3. ....

4. ....

5. ....

❯ Les prépositions pour indiquer le pays de provenance, de destination

❹

Expliquez les déplacements suivants, comme dans l'exemple.

Exemple : 2 juin : France – Pays-Bas
→ Le 2 juin, je pars de France et je vais aux Pays-Bas.

1. 4 juin : Pays-Bas – Suède

....

2. 8 juin : Suède – Russie

....

3. 14 juin : Russie – Iran

....

4. 21 juin : Iran – Chine

....

5. 1er juillet : Chine – Japon

....

6. 9 juillet : Japon – États-Unis

....

7. 13 juillet : États-Unis – Mexique

....

8. 20 juillet : Mexique – France

....

Du côté de la COMMUNICATION

› Écrire une carte postale (1)

Complétez le texte des cartes avec les mots suivants.

1. froid – endroit – hôtel – retour – Chers – Je vous embrasse – vacances – montagne

.... parents,

Je suis en .... dans
les Alpes. Il fait ....
(– 5 °C !), la ....
est magnifique !
Je suis dans un petit ....
sympa.
J'adore cet .... !
Je vous téléphone à mon ....
.... ,
Corinne

M. et Mme Thomas

19 Rue Lathuile

24100 Bergerac

2. vacances – lundi – beau – chaud – Bises – extraordinaire – Salut

.... les filles !

Je passe des ....
merveilleuses : la plage est
.... !
Je me baigne tous les jours.
Il fait .... et
....
À .... au bureau !
....
Lisa

Société Larthaud

Service du personnel

1, place Bellecour

69002 Lyon

En situation

› En vacances

6 9

Complétez le texte de la carte postale à l'aide des informations entendues.

Chers amis,
Nous sommes en vacances
....
C'est un pays .... !
Je me .... chaque matin
.... ou dans la piscine.
Il fait ....
Le soir, restau ....
Je vous téléphone à notre
....
Amicalement,
Lucie

M. et Mme Pons

4 rue de l'Université

75007 Paris

› Écrire une carte postale

7

**Vous passez des vacances à Paris. Vous envoyez deux cartes postales à vos amis.
Choisissez deux cartes ci-dessous et, sur une feuille séparée, écrivez quelques lignes, puis l'adresse du destinataire. Donnez des informations sur le lieu, la météo, vos activités et donnez vos impressions.**

Du côté du **LEXIQUE**

› Les activités de loisirs

❶

Trouvez les noms des activités. Complétez avec les lettres manquantes.

1. _ I _ ÉM _
2. _ É _ _ V _ _ I _ N

3. _ QU _ _ EL _ E
4. _ H _ Â _ R _

5. _ S _ _ L _ D E
6. _ HO _ O

7. G _ _ TA _ E
8. _ AN _ O _ _ _ E

❷

Associez les éléments. (Plusieurs réponses sont parfois possibles.)

1. aller
2. faire
3. écouter
4. lire
5. regarder

a. du sport
b. au théâtre
c. la télévision
d. une promenade
e. de la musique
f. au cinéma
g. un livre

› Les professions

❸

Barrez l'intrus.

1. acteur – chanteur – vétérinaire – réalisateur

2. opticien – pharmacien – architecte – dentiste

3. coiffeur – boulanger – restaurateur – cuisinier

4. historien – couturier – professeur – écrivain

Du côté de la **GRAMMAIRE**

› Le masculin et le féminin des professions

❹

Lisez les panneaux suivants et complétez le nom de la profession.

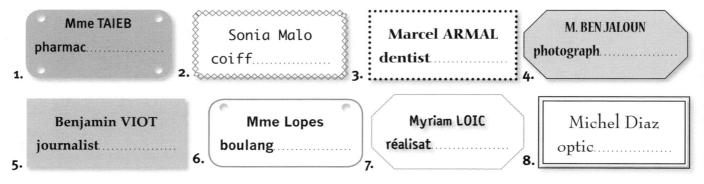

Mme TAIEB
pharmac................
1.

Sonia Malo
coiff................
2.

Marcel ARMAL
dentist................
3.

M. BEN JALOUN
photograph................
4.

Benjamin VIOT
journalist................
5.

Mme Lopes
boulang................
6.

Myriam LOIC
réalisat................
7.

Michel Diaz
optic................
8.

› *Faire* au présent de l'indicatif

❺

Complétez avec la forme correcte.

1. – Vous .... du tourisme ?

– Oui, nous .... le tour de la ville.

2. – Tu .... quelque chose de spécial, aujourd'hui ?

– Je .... du shopping dans le centre-ville.

3. Ils .... des exercices physiques pour rester jeunes : madame ....

de la randonnée et monsieur du vélo.

› *Aller à* + lieu, *faire* + activité

❻

Lisez les annonces. Dites quel est votre emploi du temps de la semaine.

Exemple : Le lundi, je vais à la Maison de la culture et je fais de l'aquarelle.

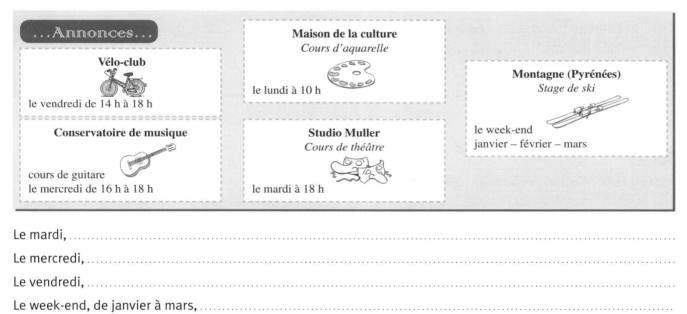

Le mardi, ...

Le mercredi, ...

Le vendredi, ...

Le week-end, de janvier à mars, ...

Du côté de la COMMUNICATION

› Parler de soi

❼

Cochez les deux phrases correctes.

1. Pour parler de ses activités.
- ☐ **a.** Je me promène à la campagne.
- ☐ **b.** Je visite des endroits intéressants.
- ☐ **c.** Je suis à la montagne.

2. Pour parler de sa profession.
- ☐ **a.** Je suis seul.
- ☐ **b.** Je travaille dans la mode.
- ☐ **c.** J'ai une profession intellectuelle.

3. Pour parler de ses goûts.
- ☐ **a.** J'imagine la ville.
- ☐ **b.** J'adore la mer.
- ☐ **c.** Je déteste la compagne.

❯ Parler de sa profession

8

Trouvez une définition pour les professions suivantes.

Exemple : une secrétaire → Elle utilise l'ordinateur et travaille dans un bureau.

1. une actrice : ....

2. un footballeur : ....

3. une réalisatrice : ....

4. un boulanger : ....

En situation

❯ Profil

9 🔊

Écoutez l'enregistrement et complétez la fiche de la candidate.

Prénom : ....

Profession : ....

Lieu de résidence : ....

Personnalité/Mode de vie : ....

Activités de loisirs : ....

❯ Candidatures

10 📖

Vrai ou faux ? Cochez les bonnes réponses.

France TV

contact@vis-ma-vie.com

L'émission *Vis ma vie* vous propose de vivre pendant une semaine un style de vie différent.
Vous adorez l'eau, la mer ? Passez une semaine sur un bateau avec un champion de voile !

Prochaines émissions :   *Vis ma vie de coiffeuse*   *Vis ma vie de cuisinier*
                         Vis ma vie de vétérinaire de campagne   *Vis ma vie de présentateur de télévision*

Vous désirez participer à une de ces émissions ? Envoyez-nous un mail, parlez-nous de votre profession, de votre personnalité, de votre mode de vie et de vos goûts.

❑ **1.** *Vis ma vie* est le nom d'une émission de télévision.

❑ **2.** *Vis ma vie* propose des formations pour différentes professions.

❑ **3.** Pour être candidate, la personne écrit à *Vis ma vie* et donne des informations personnelles.

11 ✍

Vous désirez participer à une des émissions de *Vis ma vie*. Rédigez votre message sur une feuille séparée. Dites quel type de vie vous intéresse (profession), donnez des informations sur votre identité, votre mode de vie, votre personnalité, dites quels sont vos goûts (qu'est-ce que vous aimez/détestez ?).

Du côté du **LEXIQUE**

› La caractérisation psychologique

❶

Barrez l'intrus.

1. créatif – indépendant – calme – sérieux – mince – responsable

2. optimiste – sportive – généreuse – patiente

❷

Associez chaque définition à un adjectif.

1. J'ai un contact facile en société.	**a.** généreux
2. Je lis beaucoup et je vais dans les musées.	**b.** artiste
3. Je vois la vie en rose.	**c.** intelligent
4. J'aime l'action.	**d.** romantique
5. Je comprends vite et bien.	**e.** sociable
6. J'aime les histoires d'amour.	**f.** autoritaire
7. J'ai un comportement de chef.	**g.** dynamique
8. J'aime peindre, écrire, faire de la musique.	**h.** cultivé
9. Je donne beaucoup.	**i.** optimiste

› L'expression des goûts

❸

Complétez en exprimant des goûts opposés. Utilisez les verbes de la liste.

adorer – être passionné par – avoir horreur de – aimer – détester

*Exemple : Eux, ils adorent les animaux, mais elles **ont horreur des animaux**.*

1. Moi, j'aime la vie à la campagne, mais mon mari ....

2. Mon mari adore son travail, mais moi, je ....

3. Moi je déteste la lecture, mais mon mari ....

4. Ma femme aime la télé, mais moi je ....

5. Mes enfants ne s'intéressent pas à l'art, mais moi je ....

6. Vous aimez la routine, mais nous, nous ....

7. Lui, il s'intéresse au théâtre, mais elle, elle ....

8. Nous, nous avons horreur de la mer, mais vous, vous ....

9. Tu détestes le football, mais moi, je ....

10. Mon père déteste l'informatique, mais moi, je ....

Du côté de la **GRAMMAIRE**

› **Les adjectifs qualificatifs pour caractériser une personne**

a) Mettez ces phrases stéréotypes au féminin.

Exemple : Le Japonais est patient et sérieux.
→ La Japonaise est patiente et sérieuse.

1. L'Allemand est calme, organisé et intelligent.

....

2. Le Suédois est grand, blond et sportif.

....

3. Le Français est indépendant et cultivé.

....

4. L'Espagnol est passionné et généreux.

....

5. L'Américain est décontracté et dynamique.

....

6. L'Italien est romantique, optimiste et élégant.

....

b) Mettez les phrases précédentes au masculin pluriel puis au féminin pluriel.

Exemple : Le Japonais est patient et sérieux.
→ Les Japonais sont patients et sérieux.
→ Les Japonaises sont patientes et sérieuses.

1. ....

....

2. ....

....

3. ....

....

4. ....

....

5. ....

....

6. ....

....

⟩ Les pronoms toniques

❺

Complétez avec le pronom tonique qui convient.

*Exemple : **Moi,** j'adore les voyages !*

Rêves de voyage

1. ...., je rêve d'aller au Japon et ...., tu as un rêve de voyage aussi ?

2. ...., il rêve de traverser l'Europe à vélo ; et ...., elle désire aller en Amérique en bateau.

3. ...., elles rêvent de venir en France ; et ...., ils désirent habiter en Italie.

4. Et ...., Tom, quel est votre rêve ?

À l'université

5. ...., je suis libre le mardi après-midi ; et ...., tu as des moments libres ?

6. ...., ils sont français et ...., elles sont belges.

7. ...., il parle anglais et russe et ...., elle parle italien et allemand.

Du côté de la COMMUNICATION

⟩ Caractériser une personne

❻

Sur le site www.touteslesrencontres.com, des personnes se présentent. À partir des informations suivantes, rédigez les annonces sur une feuille séparée.

www.touteslesrencontres.com

1. Tom
Caractère : optimiste, dynamique, généreux, autoritaire, pas toujours patient.
Goûts et centres d'intérêt : sport ++, musique techno ++, télévision ++, lecture +, cinéma +, théâtre et opéra – –, campagne –.
Recherche : compagne/amie(s).
Objectif : sorties.

2. Ninon
Caractère : douce, généreuse, romantique, timide.
Goûts et centres d'intérêt : concerts de musique classique ++, voyages ++, photographie +, montagne +, grandes villes – –, cigarette – –.
Recherche : ami(e)s.
Objectif : voyages, expositions, vacances.

3. Pauline et Nicolas
Caractère : indépendants, cultivés.
Goûts et centres d'intérêt : cuisine, gastronomie ++, vins ++, moto ++, télévision –.
Recherche : ami(e)s.
Objectif : cuisine, voyages en moto.

En situation

› Confidences

7  11

Chloé parle à son amie de son nouvel amour. Écoutez la conversation et complétez le profil du jeune homme.

Prénom :	☐ fumeur
Physique :	☐ non-fumeur
Caractère :	
Goûts :	
Activités :	

› Surprise de la vie

8 📖

a) Lisez les premières lignes du résumé du roman *Surprise de la vie*.

> **ROMANS : notre sélection de la semaine**
>
> ### *Surprise de la vie* de Michel Croce
>
> Ils habitent dans la même ville, ils ne se connaissent pas, ils ont des styles de vie différents.
>
> Lui, c'est Charles, 38 ans, il est divorcé, il travaille dans une société de téléphones portables. Il n'a pas d'amis et son seul compagnon, c'est son chien. Il a horreur des discothèques, il préfère rester chez lui. Il est passionné par la littérature américaine.
>
> Elle, c'est Delphine, une célibataire de 32 ans, elle a le contact facile. Elle est belle, grande, brune et élégante. Elle a une vie très libre et elle sort beaucoup : elle adore rire et danser… Elle est réceptionniste dans un grand hôtel. Tout les sépare mais, un jour…

b) Vrai ou faux ? Cochez les bonnes réponses.

☐ **1.** C'est un article de magazine.
☐ **2.** *Surprise de la vie* est le nom d'un magazine.
☐ **3.** Charles et Delphine sont des personnages de roman.
☐ **4.** Charles n'aime pas la routine.
☐ **5.** Il vit avec son chien.
☐ **6.** Il déteste les livres.

☐ **7.** Delphine est petite.
☐ **8.** Elle aime les sorties avec ses amis.
☐ **9.** Elle est très sociable.
☐ **10.** La mode est très importante pour elle.
☐ **11.** Elle vit dans un hôtel.

› « Différents »

9 ✎

Sur une feuille séparée, écrivez à votre tour les premières lignes du résumé d'un roman où deux personnes très différentes se rencontrent.
Précisez le nom, l'âge, la profession, le physique, le caractère, les activités et les goûts de ces personnes.

Du côté du **LEXIQUE**

› Les événements familiaux

❶

a) Trouvez le nom des événements.

1. le premier de la vie

LA N _ _ _ _ _ _ _

2. le dernier de la vie

LE D _ _ _

3. un événement associé à l'amour

LE M _ _ _ _ _ _

b) Trouvez l'annonce qui correspond à chaque événement.

.... **a.** Nous sommes très tristes : notre grand-mère est décédée cette nuit.

.... **b.** Magali épouse Xavier le samedi 18 juin : ils se disent « oui » à la mairie de Nice à 16 heures.

.... **c.** Mon fils est né ce matin ! Je suis papa !

› Les parties du corps

❷

Trouvez toutes les parties du corps utilisées pour les situations suivantes.

1. pour marcher : ....

2. pour manger : ....

3. pour écrire : ....

4. pour danser : ....

5. pour faire des photos : ....

6. pour écouter de la musique : ....

7. pour chanter : ....

8. pour se maquiller : ....

9. pour lire : ....

10. pour choisir un parfum : ....

11. pour porter une valise : ....

12. pour porter un enfant : ....

❸

Trouvez sur quelle(s) partie(s) du corps les professions suivantes travaillent.

1. le coiffeur : ....

2. le dentiste : ....

3. l'opticien : ....

4. l'esthéticienne : ....

› Les liens de parenté

❹

Corrigez les erreurs.

*Exemple : La fille de mon oncle, c'est ma nièce. → C'est ma **cousine**.*

1. Le frère de mon père, c'est mon neveu. → ....

2. La fille de ma grand-mère, c'est ma belle-fille ou ma belle-sœur. → ....

3. Le mari de ma mère, c'est mon oncle ou mon grand-père. → ....

4. La sœur de ma sœur, c'est ma belle-sœur. → ....

Du côté de la **GRAMMAIRE**

› **Les adjectifs possessifs**

❺

Complétez les légendes des photos avec *son, sa, ses, leur, leurs.*

 1.    2.    3.    4.

 5.    6.    7.    8.

1. Suzon à trois ans avec .... chat.

2. Charles et Sonia avec .... enfants Éva et Noé.

3. Maxime et Angela avec .... bébé Sylvain.

4. Suzon à quatre ans à la montagne avec .... grands-parents.

5. Noël 2010 : Nicolas et .... première bicyclette.

6. Vacances Biarritz 2011 : les enfants avec .... amis Sami et Emmanuel.

7. 1970 : l'oncle Gustave et .... épouse*. (* *épouse* : femme)

8. Papi André avec tous .... petits-enfants.

❻

Complétez les annonces avec les adjectifs possessifs qui conviennent.

> ## Connaissez-vous *Un + un = deux,* .... nouvelle émission sur FR-TV ?
>
> Beaucoup de gens recherchent la personne de .... vie.
>
> Avec cette émission, nous vous aidons à trouver l'homme ou la femme de .... vie !
>
> L'équipe de *Un + un = deux* offre aux heureux gagnants, à .... famille et à .... amis,
>
> une magnifique réception de mariage !
>
> Les personnes intéressées peuvent envoyer .... candidature avec .... nom,
>
> .... âge et .... coordonnées.

1.

2.

Je fête la fin de .... vie de célibataire le 9 juin prochain.

Attention ! C'est une soirée entre filles ! .... chéri et .... chéris ne sont pas invités !

3.

.... fils Arthur est né le 10 avril à 17 heures ! Nous fêtons .... naissance le 20 avril

à 17 heures, tous .... amis sont invités !

Voici .... nouvelle adresse : 15 rue Félix Sahut 34000 Montpellier.

4.

J'ai dix ans ! *Tu es invité(e) à .... anniversaire,*

dimanche à 15 h 30 !

Viens avec .... CDs, on va danser !

Laëtitia *12 rue du Petit-Pont – 92330 Sceaux*

› *Dire* au présent de l'indicatif

❼

Complétez avec le verbe *dire* à la forme qui convient.

1. Ces enfants ne sont pas polis : ils ne .... pas bonjour !

2. Je ne comprends pas Diane, qu'est-ce qu'elle .... ?

3. Nous .... au revoir et nous partons tout de suite.

4. Comment est-ce que tu .... « merci » en russe ?

5. Je ne veux pas ! Je .... non, non et non !

6. Vous .... souvent « je t'aime » à votre femme ?

› *Avoir mal à*

❽

Corrigez les erreurs soulignées. (Plusieurs réponses sont parfois possibles.)

*Exemple : J'ai mal au nez quand j'écris. → J'ai mal **à la main** quand j'écris.*

1. J'ai mal aux oreilles : je suis toute la journée devant mon ordinateur.

....

2. J'ai mal à la tête : ma valise est lourde !

....

3. J'ai mal au ventre, je vais chez le dentiste.

....

4. Vingt kilomètres dans la montagne ! J'ai mal à la bouche.

....

Du côté de la COMMUNICATION

› Demander/Donner des nouvelles de quelqu'un

❾

Reconstituez les deux dialogues sur une feuille séparée.

– Oui. Il reste à l'hôpital encore quelques jours.

– Pauvre Robert, cet accident de voiture ! Comment est-ce qu'il va ?

– J'ai encore un peu mal, mais ça va !

– Il va mieux, mais il a très mal à la tête.

– Ça va mieux, merci.

– J'ai encore un peu mal, mais ça va !

– Tu as encore mal au bras ?

– Il a mal au dos aussi ?

– Comment ça va ?

En situation

› Faire-part

❿

a) Lisez les annonces. Identifiez le type d'événement, le nom de la personne concernée et qui annonce cet événement.

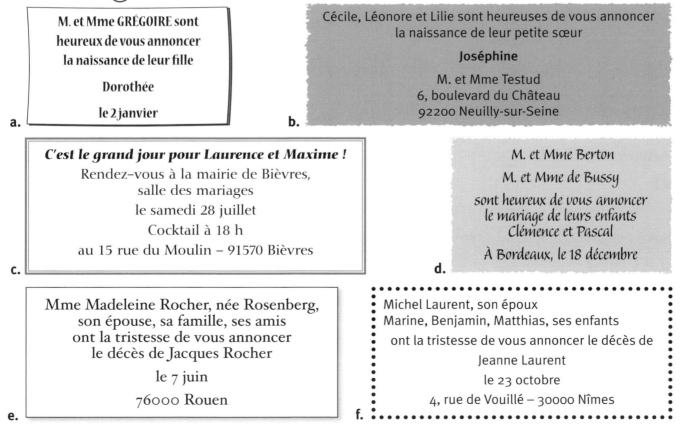

a.
> M. et Mme GRÉGOIRE sont
> heureux de vous annoncer
> la naissance de leur fille
>
> Dorothée
>
> le 2 janvier

b.
> Cécile, Léonore et Lilie sont heureuses de vous annoncer
> la naissance de leur petite sœur
>
> **Joséphine**
>
> M. et Mme Testud
> 6, boulevard du Château
> 92200 Neuilly-sur-Seine

c.
> *C'est le grand jour pour Laurence et Maxime !*
> Rendez-vous à la mairie de Bièvres,
> salle des mariages
> le samedi 28 juillet
> Cocktail à 18 h
> au 15 rue du Moulin – 91570 Bièvres

d.
> M. et Mme Berton
>
> M. et Mme de Bussy
>
> sont heureux de vous annoncer
> le mariage de leurs enfants
> Clémence et Pascal
>
> À Bordeaux, le 18 décembre

e.
> Mme Madeleine Rocher, née Rosenberg,
> son épouse, sa famille, ses amis
> ont la tristesse de vous annoncer
> le décès de Jacques Rocher
>
> le 7 juin
>
> 76000 Rouen

f.
> Michel Laurent, son époux
> Marine, Benjamin, Matthias, ses enfants
> ont la tristesse de vous annoncer le décès de
> Jeanne Laurent
> le 23 octobre
> 4, rue de Vouillé – 30000 Nîmes

	Événement	Personne concernée	Qui annonce
a.			
b.			
c.			
d.			
e.			
f.			

b) Écoutez et associez réactions orales et annonces. 🦻 💿12

1	2	3	4	5
....	....	....	....	....

⓫ 🕐

a) Sur une feuille séparée, imaginez le message pour chacune des situations suivantes.

1. Zoé annonce son mariage à ses copines dans un message Internet.
2. Anne et Mathieu annoncent à leurs amis la naissance de leur septième enfant dans un message Internet.

b) Sur une feuille séparée, rédigez votre réponse à chacun de ces messages.

1. Vous êtes une des copines de Zoé.
2. Vous êtes un(e) des ami(e)s d'Anne et de Mathieu.

Du côté du **LEXIQUE**

› L'heure et les horaires

❶ 🔊13

Associez la pendule et l'heure entendue. (Deux réponses sont parfois possibles pour une même pendule.)

a. annonce n° **1**   **b.** annonce n° ....   **c.** annonce n° ....   **d.** annonce n° ....

e. annonce n° ....   **f.** annonce n° ....   **g.** annonce n° ....   **h.** annonce n° ....

❷

Complétez les dialogues avec *à*, *vers*, *de... à*, *jusqu'à*.

1. – Tu arrives .... quelle heure exactement ?

   – Je ne sais pas, ... 7 heures probablement.

2. – L'après-midi, tu travailles .... quelle heure ?

   – Tous les jours, ... 17 h 30, sauf le jeudi, je finis .... 19 heures.

3. – C'est ouvert le samedi ?

   – Oui, nous sommes ouverts .... 9 heures .... 18 heures.

› Les verbes pronominaux pour parler des activités quotidiennes

❸

Trouvez un verbe pronominal pour l'action qui correspond à chaque dessin.

1. ....

2. ....

3. ....

4. ....

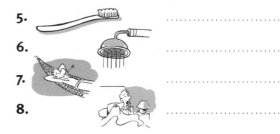

5. ....

6. ....

7. ....

8. ....

❹

Barrez l'intrus.

1. se coucher – se reposer – se raser – s'endormir

2. se maquiller – s'habiller – se coiffer – se réveiller

› Actions sur un ordinateur

❺

Associez les éléments. (Plusieurs réponses sont parfois possibles.)

1. regarder
2. surfer
3. aller
4. faire
5. écouter
6. jouer
7. se connecter

a. en ligne
b. de la musique
c. des vidéos
d. ses mails
e. des réservations en ligne
f. sur Internet
g. des achats en ligne

Du côté de la **GRAMMAIRE**

› *Devoir* et *il faut*

❻

a) Utilisez le verbe *devoir*. Transformez, comme dans l'exemple.

Exemple : Moi, je prends ma veste au pressing.
　　　　 → *Je **dois prendre** ma veste au pressing.*

1. Toi, tu achètes une baguette.

　...

2. Vous, vous passez à la banque.

　...

3. Corinne prépare le repas du soir.

　...

4. Les enfants font leurs devoirs et ils vont au lit à 9 heures.

　...

b) Utilisez *il faut*. Transformez, comme dans l'exemple.

Exemple : Les employés doivent signer la feuille de présence.
　　　　 → *Il **faut signer** la feuille de présence.*

1. Tu dois arriver 15 minutes avant l'ouverture du magasin.

　...

2. À la fermeture, vous devez attendre la sortie de tous les clients.

　...

3. Elle doit être aimable avec la clientèle.

　...

4. Nous devons respecter les horaires d'ouverture.

　...

› Les verbes pronominaux

❼

Complétez : mettez les verbes au présent.

MON QUARTIER S'ÉVEILLE • Quelques témoignages d'habitants

M. Gilles, patron du Café des sports	« Moi je .... (se lever) à 6 heures, je .... (se doucher), je .... (se raser), puis je descends dans la salle et je .... (se préparer) un bon café ! Après, je .... (se connecter) sur Internet pour lire mes mails.
Mme Fabien, mère de famille	Mon mari et moi, nous .... (se lever) vers 7 heures du matin, nous .... (se préparer) tranquillement, puis c'est le tour des enfants : ils .... (se réveiller) vers 8 heures et, après la douche, ils .... (s'habiller) et prennent le petit déjeuner.
M. Lecornec, boulanger	Tous les boulangers .... (se lever) à 4 heures du matin pour faire les premiers croissants de la journée ! Ma femme, elle, ... (se réveiller) à 6 heures, elle .... (se préparer) puis elle ouvre le magasin à 7 heures.
Jérémy, 15 ans, lycéen	Mon frère et moi, nous .... (se réveiller) en musique à 8 heures, nous prenons le petit déjeuner, nous .... (s'amuser) un peu avec nos jeux vidéo, puis nous .... (se laver), nous .... (se brosser) les dents et nous partons au lycée.

❽

Mettez les verbes entre parenthèses au présent.

1. Tu .... *(se lever)* à quelle heure ?

2. Au retour de l'école, tu travailles ou tu .... *(s'amuser)* ?

3. Pour faire tes devoirs, tu .... *(s'informer)* souvent sur Internet ?

4. Vous .... *(se réveiller)* à quelle heure ?

5. Vous .... *(s'habiller)* comment ?

6. Est-ce que vous .... *(se maquiller)* tous les jours ?

7. Vous .... *(se coiffer)* toujours de la même manière ?

Du côté de la COMMUNICATION

› Indiquer les horaires et dire l'heure

9

Heure officielle ou de la conversation courante ? Lisez les phrases et cochez la case correcte.

		Heure officielle	Conversation courante
1.	À minuit, je dors.		
2.	Aujourd'hui le magasin ferme ses portes à 18 h 30.		
3.	Il est 17 h 45.		
4.	La boulangerie est ouverte jusqu'à 8 heures du soir.		
5.	Le soir, je regarde la télé jusqu'à 11 heures.		
6.	Nous partons vers 9 heures et demie.		
7.	Le prochain avion part à 21 h 30.		
8.	Je t'attends demain matin devant la gare à 8 heures moins le quart.		
9.	Je me réveille tous les jours à 6 heures et quart.		
10.	Elle déjeune à midi juste.		
11.	La banque ferme à 17 heures.		
12.	Notre train arrive à 7 heures du soir.		

› Parler de ses habitudes

10

Associez questions et réponses.

1. Vous vous réveillez toujours à la même heure ?

2. Vous prenez votre petit déjeuner avant ou après votre toilette ?

3. Vous vous brossez les dents tous les jours ?

4. Quels sont vos horaires de travail ?

5. Le soir, vous regardez la télé ?

6. Vous allez régulièrement sur Internet ?

7. Vous vous couchez vers quelle heure ?

a. Je travaille de 9 heures à 12 heures et de 14 heures à 17 heures.

b. Oui, les infos tous les soirs et, parfois, un film.

c. Je me prépare d'abord et je prends mon petit déjeuner ensuite.

d. Je n'ai pas d'heure, à minuit, à une heure…

e. Oui, toujours vers 8 heures.

f. Oui, bien sûr, matin, midi et soir, c'est important !

g. Oui, pour m'informer et communiquer avec mes amis.

En situation

› Des professions difficiles...

11

DUR DUR, LA VIE DE... *Chaque semaine une personne à la profession insolite nous explique son quotidien.*

Jacques, 36 ans,
pilote de supersonique

Je me lève tous les matins vers 6 heures, je prends mon petit déjeuner, puis je fais une heure de sport dans une salle. Vers 9 heures, je me prépare pour le vol : je vérifie le matériel électronique de l'avion avec les techniciens.

En général, j'ai un programme d'entraînement intensif : je dois piloter pendant deux heures à 1 200 km/heure !

L'après-midi je me repose et, de 16 heures à 19 heures, j'ai des cours de mécanique et d'informatique. Le soir, je me connecte sur Facebook ou bien je joue en ligne mais je me couche tôt parce que je dois être toujours en bonne forme.

---

a) Lisez la page de magazine ci-dessus et répondez.

1. L'homme qui témoigne :
   - ☐ **a.** est une personne célèbre.
   - ☐ **b.** travaille pour le magazine.
   - ☐ **c.** fait un métier original.

2. Il parle :
   - ☐ **a.** des journées difficiles.
   - ☐ **b.** d'une journée habituelle.
   - ☐ **c.** d'une journée particulière.

b) Relisez le témoignage et identifiez les trois parties du texte en les mettant entre crochets : *avant le vol – pendant le vol – après le vol.*

12

Un autre personnage s'exprime dans le magazine. Sur une feuille séparée, écrivez son témoignage.

DUR DUR, LA VIE DE... *Chaque semaine une personne à la profession insolite nous explique son quotidien.*

Estelle, 22 ans,
danseuse au Moulin-Rouge

Avant la représentation…

Pendant la représentation…

Après la représentation…

Du côté du LEXIQUE

› Les lieux de sortie

❶

Précisez où vous allez avec votre ami(e).

1. Vous adorez parler, raconter votre vie, un verre à la main. Vous allez ....

2. Vous aimez beaucoup les films d'aventures. Vous allez ....

3. Vous êtes passionné(e) par la danse. Vous allez ....

4. Vous adorez la cuisine italienne. Vous allez ....

5. Vous êtes passionné(e) par la peinture. Vous allez ....

Du côté de la GRAMMAIRE

› Les pronoms *on*, *nous* et *vous*

❷

Complétez avec *on, nous* ou *vous*.

1. – Nous, ... adore sortir en boîte ! Et .... ?

– Nous, ... préfère rester chez .... pour regarder la télé, ou .... invite des gens à dîner.

2. – .... ne connaissez pas le Blue Morning ? C'est une boîte géniale : .... peut écouter du jazz toute la nuit.

– Ah c'est super ! .... adore le jazz !

– Alors, ... pouvons aller là-bas samedi soir.

› *Vouloir* et *pouvoir*

❸

Complétez avec le verbe qui convient et mettez-le à la forme correcte.

1. Désolés, nous avons un dîner le même jour, nous ne .... pas accepter votre invitation.

2. Les clients .... entrer mais la discothèque est fermée.

3. Hélène .... inviter Alexandre, mais moi je ne .... pas : j'ai horreur de ce garçon !

4. Le bar est fermé : les clients ne .... pas entrer.

5. Si tu .... venir avec nous, il y a encore une place dans ma voiture.

6. Il n'y a pas de place à notre table ! Désolé, tu ne .... pas t'asseoir avec nous.

› *Vouloir, pouvoir, devoir*

❹

Choisissez le verbe qui convient et mettez-le à la forme correcte. (Deux réponses sont parfois possibles.)

1. – Qu'est-ce que tu fais ce soir ? Tu .... aller au cinéma ?

– Ah non, ce soir je ne .... pas, je .... dîner chez mes parents.

– Alors demain soir ?

– D'accord, demain je .... bien.

2. – J'organise une fête chez moi vendredi prochain. Vous .... venir, Nicolas et toi ?

– Oui, super ! Nous .... aider pour la préparation si tu ....

– C'est gentil, merci. Alors vous .... apporter un gâteau.

3. – Pour la discothèque demain soir, on se retrouve où et quand ?

– Vous .... venir chez moi à 9 heures, et on part en boîte après ?

– Moi je .... être chez toi à 9 heures sans problème. Mais Antoine, lui, il ne .... pas, il .... travailler jusqu'à 9 heures.

– OK ! On .... se retrouver à la discothèque à 10 heures !

› L'impératif

❺

a) Complétez l'annonce avec les verbes suivants à l'impératif : *venir – téléphoner – envoyer – faire.*

> # NOUVEAU ! Le Bataclan ouvre ses portes !
> .... nombreux samedi !
> .... pour réserver une table ou .... un mail.
> Et, surtout, ... circuler l'information !
> Tél. : 04 74 15 15 00 ou bataclan@sortir.com

b) Loïc prépare une soirée au Bataclan. Complétez les messages. Mettez les verbes à l'impératif.

1. Salut Maxime. Ne .... *(rester)* pas seul à la maison, ... *(arrêter)* de travailler et .... *(venir)* avec nous au Bataclan samedi. Loïc

2. D'accord, mais .... *(donner)* l'adresse. Maxime

3. 18 av. de la Corniche. .... *(prendre)* ta voiture et .... *(trouver)* une place sur le port. RDV à 22 h, n'.............................. *(oublier)* pas ! Loïc

4. Coucou, Loïc. C'est OK pour la réservation samedi soir au Bataclan, mais, avant, ... *(passer)* chez moi vers 20 heures pour l'apéro. Louise

› **Le futur proche**

❻

Transformez au futur proche.

1. – Tu pars pour le week-end ?

   – Oui, je vais à Marseille dans ma famille.

   – Tu descends en train ?

   – Non, on prend la voiture.

2. – Vous dînez au restaurant ce soir ?

   – Non, on ne sort pas, on dîne tranquillement à la maison.

3. – Qu'est-ce que tu fais ce soir ?

   – Je travaille un peu et après je passe la soirée chez des amis.

4. Les animateurs du club organisent une petite fête. Nous pique-niquons tous ensemble, chaque personne apporte quelque chose. Les parents viennent avec leurs enfants.

....

....

....

....

....

....

....

....

Du côté de la **COMMUNICATION**

› **Proposer une sortie – fixer un rendez-vous**

❼

Complétez le dialogue.

– Allô ! Émeline ? Ça va ?

– Ah ! Salut Jonathan ! Oui, ça va bien !

– .... ?

– Ce week-end ? Samedi soir je vais au théâtre, mais dimanche je suis libre. Pourquoi ?

– .... ?

– À la piscine ? Pourquoi pas ? Oui, c'est une bonne idée !

– .... ?

– L'après-midi, je préfère. À 4 heures, ça te va ?

– .... ?

– Alors, rendez-vous devant la piscine à 4 heures. Salut Jonathan !

– .... ?

En situation

› Jour de fête

8 ○14

Écoutez l'enregistrement et complétez les notes de Mathieu : faites la liste définitive des personnes pour la fête, et notez qui apporte quoi.

FÊTE SAMEDI 18

Invités		Apportent	
Alberto	OK + Laure	musique	....
Jessica	....	vin	Alberto
Benoît	....	gâteaux	....
Karine	....	chaises	....
Stéphanie	....	salades	....
Marco	....	champagne	
Fanny	....		
Olivia	....		
Blandine	....		
Lisa	....		

9 ✎

Mathieu écrit aux invités pour répondre à leurs questions. Sur une feuille séparée, terminez son message. Vous précisez l'adresse (15 rue de la République), le moyen de transport (bus 13, arrêt...).

○ ○ ○ ✉

✉ Envoyer maintenant 🖾 🗐 🔗 ▾ 🗑 📎 ✒ ▾ 🗐 Options ▾ 🗐 Insérer ▾ 🗐 Catégories ▾

De : Mathieu

À : 👤

Objet : Objet : fête de samedi   Date : mercredi 15 juin

Salut à tous !

Merci pour vos messages...

10 ✎

À partir des notes de Marie, sur une feuille séparée, écrivez les trois mails.

URGENT ! Mails à écrire :
- Virginie pour dîner samedi – apporter vin
- Florent ciné vendredi – La Guerre des mondes (18 h ou 20 h) + restau ?
- Parents pour déjeuner samedi OK – 13 heures ?

Du côté du **LEXIQUE**

› **Les activités quotidiennes**

❶

Associez les deux colonnes. (Plusieurs réponses sont possibles.)

1. ranger
2. faire
3. préparer
4. prendre

    a. le repas
    b. les courses
    c. les chambres
    d. le petit déjeuner
    e. le ménage
    f. la vaisselle

› **La régularité et la fréquence**

❷

Barrez l'intrus.

1. d'habitude – en général – jamais – souvent
2. le matin – chaque matin – ce matin – tous les matins

› **Les activités de vacances**

❸

Associez les deux colonnes. (Plusieurs réponses sont possibles.)

1. rester
2. rencontrer
3. lire
4. visiter
5. aller
6. danser
7. dîner

    a. au restaurant
    b. dans une discothèque
    c. au lit
    d. à la plage
    e. des gens
    f. des monuments
    g. un roman
    h. la ville

Du côté de la GRAMMAIRE

› Le passé composé

4

Classez les participes passés des verbes suivants en trois catégories.

préparer – appeler – sortir – faire – aller – lire – dormir – arriver – venir – courir – rester – visiter – partir – rencontrer – prendre

Participe passé en *-é*	Participe passé en *-i*	Participe passé en *-is*, *-u* et *-t*
préparé –	....	....
....	....	....
....	....	....

5

Complétez avec *être* ou *avoir* à la forme correcte.

1.

SOPHIE	Salut ! Hier soir je .... allée en boîte !
JUSTINE	Et tu .... rencontré des gens sympa ?
SOPHIE	Oui, deux garçons super, ils .... arrivés avant-hier. J'................ dansé avec eux toute la nuit ! Et toi ?
JUSTINE	Moi, j'................ travaillé jusqu'à 2 heures du matin…

2.

JO	Fred, tu n'................ pas lu mon texto ?
FRED	Non, désolé, je .... resté au lit et j'................ dormi jusqu'à midi.

3.

ROMAIN	Vous .... partis à quelle heure ?
LUC	À 8 heures ; on .... déjeuné à Lyon, et on .... repartis vers 14 heures.
ROMAIN	Et vous .... fait bon voyage ?
LUC	Oui, très bon. On ...... arrivés ici à 16 heures sans problème.

6

a) Sur une feuille séparée, transformez le récit de Sabine, une mère de famille, au passé.

Tous les matins, je prépare le petit déjeuner, je fais ma toilette et j'emmène les enfants à l'école à 8 h 30 puis je cours prendre le métro. J'arrive à mon travail à 9 heures. L'après-midi, la baby-sitter va chercher les enfants à l'école à 16 h 30 et, moi, je sors du bureau à 17 h 30 ; je fais les courses en vitesse et je rentre à la maison vers 19 heures. Quand la baby-sitter part, moi, je commence ma deuxième journée…

Ce matin, j'ai préparé le petit déjeuner, …

b) **Sur une feuille séparée, racontez la deuxième journée de Sabine. Choisissez quelques actions dans la liste suivante.**

préparer le repas – faire des courses en ligne – regarder la télévision – donner un bain aux enfants – aller sur Internet – donner à manger aux enfants – coucher les enfants – ranger la cuisine – lire – répondre aux mails – faire le ménage – s'endormir tout de suite – se doucher – repasser les vêtements – se coucher – faire la vaisselle

J'ai commencé ma deuxième journée : j'ai donné un bain aux enfants, ...

7

Répondez négativement, comme dans l'exemple.

Exemple : Vous avez dormi jusqu'à 8 heures ? (9 heures)
→ Non, je n'ai pas dormi jusqu'à 8 heures, j'ai dormi jusqu'à 9 heures.

Programme d'une journée

1. – Elles sont sorties de leur appartement à 10 heures ? (11 heures)

– ....

2. – Tu as pris le bus pour aller au bureau ? (le métro)

– ....

3. – Hier soir, vous avez regardé un film à la télé ? (un match de foot)

– ....

Programme de vacances

4. – Vous êtes allés en Espagne cette année ? (en Italie)

– ....

5. – Tu es partie avec tes parents ? (seule)

– ....

6. – Vous avez pris le train ? (l'avion)

– ....

7. – Ils ont acheté un appartement ? (une maison)

– ....

Du côté de la COMMUNICATION

› Exprimer la régularité et la fréquence

8

Précisez quand et à quelle fréquence vous faites les actions suivantes.

Exemple : prendre le petit déjeuner → Chaque matin, je prends mon petit déjeuner à 8 heures.

1. travailler → ....

2. regarder la télévision → ....

3. téléphoner à mes amis → ....

4. aller au cinéma → ....

› Indiquer un moment spécifique/une régularité

9

Écoutez et associez chaque phrase à la situation correspondante.

	Journée habituelle	Événement passé
1	✔	....
2	....	✔
3	....	....
4	....	....
5	....	....

	Journée habituelle	Événement passé
6	....	....
7	....	....
8	....	....
9	....	....
10	....	....

10

Le journaliste interviewe une actrice de cinéma. Mettez les répliques dans l'ordre.

.... **a.** CLAUDIA : J'ai eu un week-end un peu spécial : je suis allée au festival de Venise.

.... **b.** LE JOURNALISTE : Et qu'est-ce que vous avez fait précisément le week-end dernier ?

.... **c.** CLAUDIA : Bien sûr.

.... **d.** LE JOURNALISTE : Claudia, je vous remercie.

.... **e.** CLAUDIA : Oui, je vois mes amis, mais ils viennent chez moi en général. Je sors seulement en semaine.

.... **f.** LE JOURNALISTE : Claudia, je peux vous poser quelques questions sur votre vie en général ?

.... **g.** CLAUDIA : Le week-end, je me repose, je dors beaucoup ; je lis des scénarios aussi.

.... **h.** LE JOURNALISTE : Quelles sont vos activités le week-end ?

.... **i.** CLAUDIA : Je vous en prie.

.... **j.** LE JOURNALISTE : Vous sortez, vous voyez des amis ?

En situation

11 ⟨⟩

Sur une feuille séparée, imaginez une page de journal intime : à la fin de la journée, la personne évoque les principaux moments de cette journée. Choisissez le personnage dans la liste suivante.

un gardien de musée
un présentateur télé
un sportif de haut niveau
un professeur
une actrice de cinéma
un boulanger
un réceptionniste dans un hôtel
un président de la République

Du côté du **LEXIQUE**

› Les fêtes et leurs rituels

❶

Associez chaque fête à sa date.

1. la fête des Mères	**a.** le 1er janvier et le 31 décembre
2. la Chandeleur	**b.** le 14 février
3. le réveillon du Nouvel An/la Saint-Sylvestre	**c.** le 6 janvier
4. la fête du Travail	**d.** le 1er mai
5. Noël	**e.** le 2 février
6. la fête nationale	**f.** le 14 juillet
7. l'Épiphanie	**g.** le dernier dimanche de mai
8. mardi gras	**h.** en février ou en mars
9. la Saint-Valentin	**i.** le 25 décembre

❷

Retrouvez les rituels des fêtes à l'aide des éléments suivants. (Plusieurs réponses sont possibles.)

> on choisit – on décore – on offre – on fait – on mange – on cache – on dit – on s'embrasse – on danse-

> des fleurs – un bon repas – du muguet – des chocolats – « je t'aime » – des œufs en chocolat –- dans les rues – le sapin – un cadeau – un bon restaurant – des crêpes – sous le gui – des cadeaux

*Exemple : Pour la Chandeleur, **on mange des crêpes**.*

1. Pour la fête du Travail, ...

2. Pour Noël, ...

3. Pour Pâques, ...

4. Pour la Saint-Valentin, ...

5. Pour la fête des Mères, ...

6. Pour la Saint-Sylvestre, ...

7. Pour la fête nationale, ...

Du côté de la GRAMMAIRE

> Poser des questions

3

a) Transformez les questions écrites en questions orales.

Exemple : Avez-vous des frères et des sœurs ?
*→ **(Est-ce que) vous avez** des frères et sœurs ?*

SOIRÉE DES CÉLIBATAIRES

Questionnaire pour les participants

1. Comment vous appelez-vous ?

2. Quelle est votre profession ?

3. Où habitez-vous ?

4. Qu'aimez-vous comme style de musique ?

5. Fumez-vous ?

6. Êtes-vous optimiste ?

1. ....

2. ....

3. ....

4. ....

5. ....

6. ....

b) Transformez les questions orales en questions écrites.

1. Vous vous appelez comment ? → ....

2. Vous faites quoi exactement dans la vie ? → ....

3. Vous avez un animal ? → ....

4. Pourquoi est-ce que vous aimez le speed-dating ? → ....

5. Vous êtes libre quand ? → ....

6. Vous allez souvent au cinéma ? → ....

7. Il y a quelqu'un dans votre vie ? → ....

> Les verbes en *-er* et en *-ir* au présent de l'indicatif

4

a) Complétez : mettez les verbes au présent.

Début décembre, les petits enfants .... (envoyer) leur lettre au Père Noël. Le 24 décembre,

ils .... (déposer) leurs chaussons devant la cheminée et la nuit ils ....

(dormir) peu. Le matin du 25, ils .... (ouvrir) les paquets et ....

(découvrir) enfin leurs cadeaux.

b) Transformez : réécrivez le texte.

Début décembre, le petit Pierre ....

....

....

❺

Transformez au présent.

Pour la fête des Mères, les petits enfants ont réfléchi à une idée de cadeau, ils ont fabriqué un objet en classe, ils ont fini leur travail sous le contrôle de la maîtresse d'école, et ils ont offert leur cadeau à leur maman pour sa fête.

Tous les ans à la fête des Mères, ...

....

....

❯ Les verbes pronominaux

❻

Dites ce que les personnes font. Utilisez un verbe pronominal réciproque.

Exemple : → *Elles **se disent** bonjour.*

1. Nous ....

2. On ....

3. Vous ....

4. Ils ....

❯ *Chez, à* et *dans*

❼

Entourez la forme correcte.

1. Je ne rentre pas *(dans – à)* la maison ce soir.

2. Tu pars en vacances *(chez – aux)* les amis de mes parents ?

3. Elle travaille *(dans – chez)* un salon de coiffure.

4. Elle a RV *(au – chez)* le dentiste à 14 heures.

5. Je fais toujours mes courses *(chez – dans)* les mêmes commerçants.

6. Il prend sa voiture pour aller *(au – dans le)* bureau.

7. Elle et moi, on va *(dans – chez)* les mêmes magasins.

8. Tu viens *(au – dans le)* cinéma ce soir avec moi ?

Du côté de la COMMUNICATION

› Demander des informations

8

Associez les questions de sens équivalent.

1. Comment vous appelez-vous ?
2. Que faites-vous dans la vie ?
3. Quand êtes-vous né ?
4. Où êtes-vous né ?
5. Vous êtes célibataire ou marié ?
6. Pourquoi êtes-vous en France ?

a. Quel est votre lieu de naissance ?
b. Quelle est la raison de votre séjour en France ?
c. Quel est votre nom ?
d. Quelle est votre profession ?
e. Quelle est votre date de naissance ?
f. Quelle est votre situation de famille ?

En situation

› Témoignages

9 16

Écoutez les extraits. Identifiez de quelle fête on parle.

1. ....
2. ....
3. ....

4. ....
5. ....
6. ....

› Jour de fête

10 📖

Lisez le message du journaliste et retrouvez le plan du message : écrivez en face de chaque paragraphe le titre correspondant : *ambiance – souhait – traditions – annonce de la fête.*

....

....

....

....

....

> ### Noël à Genève
>
> Ici, à Genève, il est 18 heures et les Genevois se préparent à fêter une nouvelle fois Noël.
>
> Chaque quartier a décoré ses rues, ses monuments, ses magasins. Les gens font leurs achats de dernière minute, il y a beaucoup de monde dans les rues !
>
> Ce soir, les gens vont dîner chez eux en famille, puis beaucoup vont aller à la messe de minuit. Les enfants attendent avec impatience les cadeaux… Mais, ici, on laisse ses chaussons sous le sapin de Noël le soir du 24 et, le matin du 25, on trouve ses cadeaux à côté. Alors, ils doivent patienter jusqu'à demain !
>
> Bon Noël à tous, aux enfants et aux grands !

11 🖋

À la manière du journaliste, sur une feuille séparée, écrivez les rituels du Nouvel An dans votre pays.

Du côté du **LEXIQUE**

› Autour du voyage

❶

Associez les éléments des deux colonnes. (Plusieurs réponses sont parfois possibles.)

1. partir	**a.** un voyage
2. quitter	**b.** un pays
3. faire	**c.** en voyage
4. préparer	**d.** son pays
5. découvrir	**e.** à l'aventure
6. réserver	**f.** le tour du monde

Du côté de la **GRAMMAIRE**

› Le passe récent et le futur proche

❷

Transformez en utilisant le passé récent.

Exemple : Le voisin a téléphoné ce soir pour nous inviter à l'apéritif.
*→ Le voisin **vient de téléphoner** pour nous inviter à l'apéritif.*

1. Guillaume est parti en vacances en Italie hier.

....

2. Anaïs et Clément ont acheté cette voiture la semaine dernière.

....

3. Bastien a trouvé un travail ce matin.

....

4. Nous avons choisi un prénom pour notre bébé : Miléna !

....

5. Il est 17 heures, la banque a fermé.

....

6. 23 décembre, ouf ! On a terminé les achats de Noël !

....

7. Nous avons déménagé avant-hier.

....

8. Émeline, bravo ! Vous avez gagné le voyage à Paris !

....

❸

Racontez la vie actuelle des personnages. Utilisez le passé récent ou le futur proche.

Exemple : Tout va bien pour M. Duchemin !

Événements récents : mariage, promotion au travail, gagnant au Loto.
*→ Il **vient de se marier**, il vient d'avoir une promotion au travail, il vient de gagner au Loto.*

Projets pour sa femme et lui : achat d'un appartement plus grand.
*→ Ils **vont acheter** un appartement plus grand.*

1. Période difficile pour M. Bénard !

Événements récents : troisième divorce, vente de la grande maison, installation dans un petit appartement.

Projets : recherche d'une nouvelle femme, voyage autour du monde, achat d'une nouvelle maison.

....

....

....

....

2. Bonne semaine pour Mlle Dufresne !

Événements récents : bons résultats aux examens de l'université, fête pour ses vingt ans dans une discothèque, rencontre de nouveaux amis.

Projet pour le week-end : week-end à la mer avec ses nouveaux amis : plage, promenade en mer, dîner au restaurant sur le port.

....

....

....

....

› L'impératif

❹

Réécrivez le texte.

a) Donnez des conseils : transformez à l'impératif, 2ᵉ personne du singulier.

> Comment choisir la bonne destination
>
> Je m'organise : je me connecte sur Internet et je m'informe sur les promotions. Je consulte différents sites de voyages, je suis attentif : je compare les prix et je choisis le séjour idéal pour moi.
>
> *Organise-toi :* ....
>
> ....
>
> ....

b) Donnez les mêmes conseils à l'impératif 2ᵉ personne du pluriel.

....

....

....

5

Réécrivez le texte.

a) Utilisez la 2ᵉ personne du singulier de l'impératif pour donner des conseils.

> **Quelques conseils avant le départ**
> Ne pas avoir beaucoup d'argent sur vous.
> Ne pas prendre de bagages trop lourds.
> Ne pas s'habiller comme à la ville : mettre de préférence des vêtements de sport.
> Emporter un guide touristique.
> Pour un voyage à l'étranger, ne pas oublier de prendre un dictionnaire.
> Et sur place : bien profiter de ses vacances, se reposer et être simplement heureux !

....

....

....

....

....

b) Donnez les mêmes conseils à l'impératif 2ᵉ personne du pluriel.

....

....

....

....

....

....

Du côté de la COMMUNICATION

› Appeler/Répondre au téléphone

6 🎧 17

Écoutez : qui parle ? Cochez la bonne réponse.

	1	2	3	4	5	6	7	8	9	10	11	12	13	14
La personne appelle	.....	.....	.....	.....	.....	.....	.....	.....	.....	.....	.....	.....	.....	.....
La personne répond	.....	.....	.....	.....	.....	.....	.....	.....	.....	.....	.....	.....	.....	.....

7

Complétez les conversations téléphoniques.

1. Allô ! .... ?

– Ah non ! C'est Mathieu. Alex vient de sortir. .... ?

– C'est Nadia. Est-ce qu'il va bientôt rentrer ?

– En fin de l'après-midi je pense. .... ?

– Oui. Dis que j'ai appelé et que je vais rappeler ce soir.

2. – Cabinet médical, bonjour !

– Bonjour, ...

– Ah ! Je suis désolée, le docteur Lamartin n'est pas là aujourd'hui. Vous désirez parler à un autre médecin ?

– Oui, je peux parler aussi au Dr Aubry s'il est là.

– Oui, il est là. .... ?

– Mme Ledoux.

– ...., Mme Ledoux, je vous le passe.

3. – Allô, Elsa ?

– Pardon ? ....

– Je ne suis pas au 01 45 67 08 10 ?

– Ah, ... Ici, c'est le 01 45 67 09 10.

– Oh ! Je suis désolée, au revoir !

› Conseils

8

Sur une feuille séparée, répondez aux deux messages suivants, lus sur le site psychologies.com. Donnez des conseils à ces personnes.

@ http://www.psychologie.com

Psychologie.com

Accueil
Forum
FAQ

Bonjour,
Je vais avoir bientôt 36 ans et je suis toujours célibataire. Comment faire pour en finir avec cette vie de femme seule et trouver enfin l'homme de ma vie ?

Bonjour,
Je vis seul, j'ai 43 ans, mon travail n'est pas très intéressant et je suis mal payé. Je viens d'hériter de 300 000 euros après le décès de ma grand-mère. C'est idiot mais j'ai peur ! Je ne sais pas comment utiliser intelligemment cet argent. J'attends vos conseils.

Du côté du **LEXIQUE**

› **Autour du cinéma**

❶

Complétez avec les mots suivants.

1. film – réalisatrice – rôle – acteur – succès – obtenir

Le .... est au rendez-vous cette année pour l'............................. Bruno Calderon :

il vient d'............................. l'Oscar pour son .... dans le dernier ....

de la .... Elena Morand.

2. cinéma – César – carrière – actrice – réalisateur – tourner

La jeune .... Clara Lemaire a débuté sa .... au ....

en 2009. Deux ans après, elle a remporté le .... du meilleur espoir féminin. Cet été,

elle va .... *Les Petits Cœurs* sous la direction du .... Malik Rossif.

› **La description physique**

❷

Mettez les adjectifs à la place correcte. Faites les changements nécessaires.

Exemple : Il est court, il a les cheveux maigres et verts et les yeux bouclés.
*→ Il est **maigre**, il a les cheveux **courts** et **bouclés** et les yeux **verts**.*

1. Elle est raide, elle a les cheveux bleus et les yeux châtains et minces.

....

2. Il est de taille mi-longue, il a les cheveux moyens et gros.

....

3. Elle est marron, et elle a les yeux roux et maigres.

....

Du côté de la **GRAMMAIRE**

› **Le passé composé avec *être* ou *avoir***

❸

Complétez avec *être* ou *avoir*.

1. Le célèbre pianiste Arturo Flemming .... mort.

2. La princesse Sonia .... quitté son mari.

3. John et Barbara se .... séparés.

4. L'actrice Birgit Fardot .... devenue un modèle pour toutes les jeunes filles.

5. Deux acteurs chinois .... gagné l'Oscar.

6. La petite Inès, fille du footballeur Mariano, ... née ce matin.

7. Le ténor Luciano Manzano .... venu chanter deux jours à l'opéra de Paris.

8. Jack et Lisa Johannes .... arrivés à Cannes pour présenter leur dernier film.

9. Le réalisateur John Smith .... parti en Chine pour tourner son dernier film.

> Le passé composé des verbes pronominaux

4

Complétez les articles de presse avec les verbes entre parenthèses au passé composé.

> *Amour toujours pour Ricardo Ballasteras et l'actrice Fabienne Lambert !*
>
> Ils .... *(se rencontrer)* en 1995, pendant un tournage.
>
> Ils .... *(se marier)* en 1998.
>
> Dix ans plus tard, ils .... *(se séparer)*.
>
> **1.** Mais, l'an dernier, ils .... *(se remarier)* en secret à Las Vegas !

> *Confidences du célèbre cycliste Ernesto Gallo*
>
> Gaëlle et moi, on .... *(se connaître)* le 31 décembre, à un réveillon.
>
> On .... *(s'aimer)* au premier regard ! On ....
>
> *(ne plus se quitter)* : on .... *(se marier)* le mois dernier.
>
> **2.**

> *Interview de la célèbre réalisatrice Elena Morand*
>
> Ma meilleure amie d'enfance et moi, nous .... *(se retrouver)* la semaine
>
> dernière ! Quand nous .... *(se regarder)*, nous ....
>
> *(se reconnaître)* immédiatement !
>
> **3.**

5

Transformez, comme dans l'exemple.

Exemple : Isabelle de Bourgogne et Jean de Bourges : pas de mariage la semaine dernière. (se marier)
  → *Isabelle de Bourgogne et Jean de Bourges **ne se sont pas mariés** la semaine dernière.*

1. Pas de nouveau contact entre Lola Alfonsi et Stefano Borgo. (se revoir)

....

2. Pas de rencontre comme prévu entre les deux équipes de football. (se rencontrer)

....

3. Pas un seul regard échangé entre les deux candidats à la présidence. (se regarder)

....

4. Pas de séparation entre Arthur et Carine Brunel pendant le tournage. (se séparer)

....

5. Diane d'Anvers et Étienne de Gilles : pas de séparation. (se quitter)

....

› *C'est/Il est*

❻

Complétez avec *c'est*, *il est* ou *elle est*.

1. .... Arnaud Montfort, ... le fils de Bernard Montfort,

.... acteur et .... mon acteur préféré !

2. .... monsieur Morin, ... professeur, ... timide

mais .... très intelligent et .... un grand scientifique.

3. .... chanteuse, ... grande et blonde, ... Clara.

4. .... brune et mince et .... le sosie de Marion Cotillard.

5. .... une femme indépendante et .... une journaliste très appréciée,

.... Hélène Bouchard.

6. .... Jo Baker, ... un acteur franco-américain, ...

célèbre et .... un homme très généreux.

Du côté de la **COMMUNICATION**

› **Décrire physiquement une personne**

❼

Complétez les deux conversations avec les éléments suivants.

rousse – j'ai les cheveux – une allure sportive – un jeune acteur – elle a les yeux – grand et brun – j'ai l'air

1. – David Moreno, un petit mot sur votre prochain film : vous avez déjà choisi l'acteur principal. Vous pouvez nous le décrire physiquement ?

– Oui, c'est ...., il est .... et

il a ....

– Et l'actrice ?

– Elle est .... et .... verts.

2. – Liza Miranda, dans votre dernier film, vous avez changé complètement de physique, n'est-ce pas ?

– Oui, je suis très différente dans ce film : .... longs et raides et

.... malade !

› **Évoquer des ressemblances physiques**

❽ 🔘18

Écoutez et dites à quel dessin correspond la description.

☐ **a.**   ☐ **b.**

En situation

› Célébrités

9

Lisez les notices biographiques et trouvez les noms des deux personnages célèbres dans la liste suivante.

| Johnny Depp | Jo-Wilfried Tsonga | Sophie Marceau | Zinedine Zidane | Vanessa Paradis | Juliette Binoche |

1.

Nom : ....

Date et lieu de naissance : 17 avril 1985 au Mans (France).

Père congolais et mère française.

Profession	Joueur de tennis.
1999	Champion de France des 13/14 ans.
2004	Devient joueur professionnel ; premières victoires internationales.
2005	Année difficile, gros problèmes de santé.
2006	Installation en Suisse.
2006-2008	Plusieurs victoires importantes.
2008	6e joueur mondial au classement ATP* et n° 1 français.
2011	Finaliste au tournoi de Wimbledon, perd contre Novak Djokovic.

* ATP : classement mondial des joueurs de tennis

2.

Nom : ....

Date et lieu de naissance : le 22 décembre 1972 à Saint-Maur-des-Fossés (France).

Signes particuliers : petite, blonde.

Profession	Chanteuse et actrice.
14 ans	Début de sa carrière de chanteuse.
1990	Victoires de la musique : prix de l'artiste interprète féminine.
	Début au cinéma. César du meilleur espoir féminin pour son rôle dans *Noce blanche*.
1990-1997	Nombreux succès dans la chanson et le cinéma.
1998	Rencontre avec l'acteur américain Johnny Depp. Début de leur histoire d'amour.
1999	Naissance de leur fille Lily Rose le 27 mai.
2002	Naissance de leur fils Jack le 9 avril.
2008	Remporte une deuxième Victoire de la musique.
2010	Tourne dans le film *L'Arnacœur* avec Romain Duris. Gros succès.

10

Sur une feuille séparée, écrivez la biographie de ces deux personnages à partir des notices biographiques.

1. ... est né le ... à ...   **2.** ... est née le ... à ...

Du côté du **LEXIQUE**

› Les sensations et les perceptions

❶

Identifiez les parties du corps représentées puis associez chaque dessin à un des cinq sens.

a. la vue **b.** l'ouïe **c.** le toucher **d.** le goût **e.** l'odorat

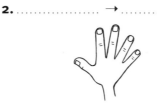

1. .... → ....

2. .... → ....

3. .... → ....

4. .... → ....

5. .... → ....

❷

Complétez les phrases avec le verbe qui convient.

voir – entendre – sentir – écouter

1. Je .... un bruit bizarre dans le garage.

2. Hum, il .... vraiment bon, ce gâteau !

3. Il ne .... pas son professeur : il pense à autre chose.

4. Je ne .... pas bien, je dois porter des lunettes.

5. .... comme cette matière est douce au toucher !

› Les couleurs

❸

Vous êtes peintre, précisez quelles couleurs vous utilisez pour peindre les décors suivants. (Plusieurs réponses sont possibles.)

Exemple : une plage tropicale : jaune pour le sable, bleu et vert pour la mer

1. le drapeau français dans un ciel dégagé : ....

2. une pomme sur une chaise : ....

3. un écureuil sur un arbre en été : ....

4. une montagne en hiver par beau temps : ....

5. le soleil qui se couche derrière les toits de Paris : ....

6. un ciel d'orage : ....

> Le climat et le temps

4

Associez les phrases à un phénomène météo.

Exemple : Toute cette eau qui tombe ! → la pluie

1. Le thermomètre marque 0 degré. ....

2. Je ne vois rien devant moi. ....

3. On entend du bruit, il pleut très fort, le ciel est noir et il y a des éclairs. ....

4. Tout est blanc. ....

5. Il fait très chaud. ....

6. Les feuilles volent. ....

Du côté de la GRAMMAIRE

> Parler du climat

5

Complétez avec *être* ou *faire* au temps qui convient.

1. Aujourd'hui, la Côte d'Azur .... sous le soleil ; le ciel ....

parfaitement bleu et il .... 26 degrés.

2. Il ne .... pas très beau aujourd'hui : le ciel .... couvert et les nuages

.... nombreux.

3. Hier, il .... beau et très chaud mais aujourd'hui les orages .... là :

les nuages .... noirs et la pluie n'............................... pas loin.

4. Hier, il .... très froid, mais aujourd'hui il .... doux, le ciel

.... dégagé, et il .... 11 degrés.

> Situer dans l'année

6

Dites à quel moment de l'année ils sont nés.

Exemple : Patricia 25.06.10 → *Patricia est née en été, fin juin, le 25 juin exactement.*

1. Léo 01.01.09

2. Louis 15.05.11

3. Estelle 30.01.10

4. Laura 03.10.11

5. Anne-Sophie 03.02.09

6. Karim 28.08.10

1. ....

2. ....

3. ....

4. ....

5. ....

6. ....

Du côté de la COMMUNICATION

› Dire le temps qu'il fait, parler des sensations et des perceptions

❼

a) Faites correspondre textes et dessins.

a.

b.

c.

d.

.... **1.** Il fait très beau, le ciel est dégagé et la température est très agréable.

.... **2.** C'est la canicule : il fait 41 degrés et il n'y a pas de vent.

.... **3.** Il fait chaud, il y a beaucoup de vent et des nuages noirs, la pluie arrive.

.... **4.** Il gèle et il y a du brouillard, il fait très froid !

b) Associez ces commentaires aux textes précédents.

.... **a.** Je vois de grands éclairs dans le ciel !

.... **b.** J'ai les mains gelées !

.... **c.** Je sens la chaleur du soleil sur ma peau.

.... **d.** J'ai vraiment trop chaud !

› Parler des sensations

❽ 🎧 💿19

Écoutez l'interview. Pour chaque question de la journaliste, cochez la réponse de Marie.

1. Quelle est votre saison préférée ?
   - ☐ **a.** le printemps
   - ☐ **b.** l'été
   - ☐ **c.** l'automne
   - ☐ **d.** l'hiver

2. En lien avec la saison : une odeur particulière ?
   - ☐ **a.** la mer
   - ☐ **b.** le sable
   - ☐ **c.** la lavande

3. Un bruit ?
   - ☐ **a.** le vent sur les parasols
   - ☐ **b.** le rire des enfants
   - ☐ **c.** le bruit des vagues

4. Une émotion ?
   - ☐ **a.** la joie d'être assise au soleil
   - ☐ **b.** la joie d'entrer dans l'eau
   - ☐ **c.** la joie de voir les enfants jouer dans l'eau

5. Un objet ? Une chose ?
   - ☐ **a.** un parasol
   - ☐ **b.** un bouquet de lavande
   - ☐ **c.** le sable

6. Une sensation ?
   - ☐ **a.** l'eau sur la peau
   - ☐ **b.** le sable chaud sur la peau
   - ☐ **c.** le soleil sur la peau

7. Une chose à boire, à manger ?
   - ☐ **a.** l'eau
   - ☐ **b.** les glaces
   - ☐ **c.** les fruits de mer

8. Une image ?
   - ☐ **a.** je regarde un coucher de soleil sur la plage
   - ☐ **b.** je joue avec des enfants sur la plage
   - ☐ **c.** je mange une glace sur la plage

9

a) Lisez le début des deux reportages suivants et complétez le tableau.

Reportage n° 1

Il gèle ce soir mais il y a beaucoup de monde sur les Champs-Élysées. Aux douze coups de minuit, tout le monde oublie le vent glacial : j'entends des cris de joie, des bouchons de champagne explosent. Puis les gens lèvent tous la tête pour voir le magnifique feu d'artifice dans le ciel de Paris. L'année commence dans le froid et la bonne humeur…

Reportage n° 2

Après les orages d'hier, le ciel est à présent dégagé sur Paris mais il fait encore très chaud. Une foule joyeuse attend sous le soleil (il fait plus de 39 degrés). Maintenant, j'entends des cris et des applaudissements. Au loin, je vois arriver un premier coureur suivi du maillot jaune. C'est donc dans une ambiance de canicule que les coureurs terminent cette course aujourd'hui…

	Reportage n° 1	Reportage n° 2
Phénomènes météorologiques	....	....
Sensations et perceptions	....	....

b) Identifiez pour chaque reportage la saison et l'événement évoqué

Reportage n° 1 : ....

Reportage n° 2 : ....

10

À votre tour, sur une feuille séparée, écrivez le début d'un reportage sur un événement fêté dans les rues. Donnez des informations sur le climat, la météo du jour. Évoquez les sensations et perceptions du moment (odeurs, bruits, lumières).

- Nom de l'événement   *Aujourd'hui, c'est…*
- Météo   *…*
- Sensations/Perceptions   *J'entends… Je vois…*

Du côté du **LEXIQUE**

› Situer un lieu

❶

Des touristes précisent leur position géographique. Complétez leurs messages avec les expressions suivantes.

près de – sur – au sud-ouest de – entre – à 300 km de – dans – au centre de – dans le Nord de – dans

1. Je suis .... la France.

2. Je suis .... la France.

3. Je suis .... Lyon et Marseille.

4. Je suis .... une île,

.... la Méditerranée,

.... Nice.

5. Je suis .... l'Espagne.

6. Je suis .... l'océan Atlantique,

.... Bordeaux.

› Caractériser un lieu

❷

Trouvez des adjectifs pour caractériser un lieu et remplissez la grille.

Verticalement

1. pas petit

2. type de climat

3. très joli

4. le contraire de nouveau

Horizontalement

a. avec beaucoup de végétation

b. le contraire de grand

c. actuel, pas ancien

d. pas calme

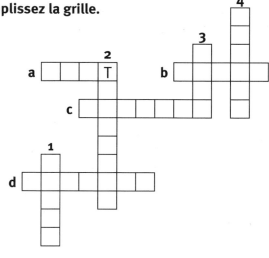

› Les activités et sports de plein air

❸

Trouvez les noms d'activités : complétez les mots.

1. LA P _ _ _ G _ E

2. LE S _ _ F

3. LA V _ I _ E

4. LA R _ _ _ _ _ _ ÉE

5. L'É _ _ IT _ _ _ _ N

6. LE S _ I N _ _ T _ _ _ E

7. LE K _ Y _ K

8. LE V _ T

Du côté de la GRAMMAIRE

› Le pronom *y*

❹

Transformez comme dans l'exemple puis précisez de quel lieu on parle.

Exemple : On vend des gâteaux dans cette boutique. → On y vend des gâteaux : à la pâtisserie.

1. On va dans cet endroit pour voir un film.

....

2. On admire des œuvres d'art dans ce lieu.

....

3. On va là-bas pour prendre le train.

....

4. On entre dans ce magasin pour acheter des médicaments.

....

5. On va dans ce lieu pour apprendre.

....

6. On va là-bas pour voir un match de football.

....

7. On séjourne dans cet endroit quand on est très malade.

....

8. On va là-bas pour faire du ski.

....

❺

Réécrivez les deux textes : utilisez le pronom *y* chaque fois que cela est possible pour éviter les répétitions.

1. Chamonix est une station de sports d'hiver située au pied du mont Blanc. On aime Chamonix pour son caractère authentique de village des Alpes. On trouve de nombreux hôtels de toutes catégories à Chamonix. Vous pouvez pratiquer beaucoup de sports à Chamonix : ski, escalade, parapente, etc. Mais, si vous n'êtes pas sportif, vous pouvez simplement faire de belles promenades à Chamonix au cœur d'une nature magnifique.

2. Monaco est un petit État situé sur la Côte d'Azur. On parle français à Monaco. Le monde entier connaît Monaco et sa famille princière. On a célébré le mariage du prince Albert à Monaco en juillet 2011. Monaco attire l'argent : on voit de nombreux hôtels de luxe à Monaco et de riches propriétaires viennent à Monaco dans leur yacht personnel.

....

....

....

....

....

....

....

> ## La place des adjectifs

6

Complétez la carte postale en donnant des précisions sur les noms soulignés. Utilisez les adjectifs suivants avant ou après les noms. (Plusieurs réponses sont parfois possibles.)

grand – bruyant – petit – beau – magnifique – tropical – intéressant – calme

> Cher Malo,
>
> J'ai trouvé un .... hôtel
> .... à la sortie de la ville.
>
> C'est un .... endroit
> ...., loin des .... rues
> .... pour touristes.
> De ma chambre, j'ai une .... vue
> .... sur une .... plage
> ....
>
> Je passe des .... vacances
> .... dans une ....
> ambiance ....
>
> Bises
>   Emma
> PS : J'ai pris des .... photos
> .... !

Du côté de la COMMUNICATION

> ## Situer et caractériser un lieu

7

Cochez les phrases qui conviennent pour chaque situation.

1. Vous situez géographiquement un lieu. Vous dites :
   - ❏ **a.** Ce pays est situé entre la France et les Pays-Bas.
   - ❏ **b.** Cet endroit se trouve dans l'océan Pacifique.
   - ❏ **c.** L'île fait 500 km de long.
   - ❏ **d.** L'hôtel est à 500 m de la plage.
   - ❏ **e.** Cette région est au centre de l'Europe.
   - ❏ **f.** Il y a 500 habitants dans ce village.

2. Vous caractérisez un lieu. Vous dites :
   - ❏ **a.** C'est le paradis des touristes.
   - ❏ **b.** On prend beaucoup de photos de cette région.
   - ❏ **c.** Cette région offre beaucoup de possibilités d'hébergement.
   - ❏ **d.** J'adore cet endroit.
   - ❏ **e.** Les gens appellent cet endroit l'« île enchantée ».
   - ❏ **f.** C'est une région très montagneuse.

En situation

❭ « Questions pour un voyage »

8

Écoutez les indications de localisation et identifiez la ville. (Aidez-vous de la carte p. 128.)

1.	❑ Nîmes	❑ Avignon	❑ Montpellier
2.	❑ Bordeaux	❑ La Rochelle	❑ Nantes
3.	❑ Lyon	❑ Bourg-en-Bresse	❑ Grenoble
4.	❑ Strasbourg	❑ Besançon	❑ Nancy

❭ Correspondance

9

Lisez la lettre de Julien. Retrouvez le plan de la lettre : trouvez les phrases
qui correspondent aux intitulés suivants.

a. donner ses impressions/exprimer un sentiment
b. situer géographiquement la ville
c. caractériser les habitants
d. caractériser la ville
e. expliquer pourquoi il est dans cette ville
f. inviter son ami à venir
g. préciser la durée de son séjour

1. ....

2. ....

3. ....

4. ....

5. ....

6. ....

7. ....

> Montréal le 20 avril
>
> Cher Adrien,
>
> Je suis à Montréal pour mon travail. C'est une ville typiquement nord-américaine avec ses tours et sa circulation mais il y a aussi de vieux quartiers : les rues y sont calmes avec des petites maisons colorées. Chaque maison a un petit jardin fleuri. C'est charmant ! J'adore !
>
> En fait, Montréal est une grande ville du Nouveau Monde à visage humain : il y a une grande diversité d'habitants, de catégories sociales et d'ethnies. Ici, les anglophones ressemblent à des latins et les francophones sont assez disciplinés.
>
> Je reste jusqu'à fin août : tu peux donc faire un petit tour ici après ton stage aux États-Unis.
>
> Montréal est seulement à 600 km de New York !
>
> Je t'attends !
>
> Salut,
>
> Julien

10 ①

Vous séjournez dans un lieu nouveau pour vous. Sur une feuille séparée, vous écrivez à un(e) ami(e).
Suivez le même plan que dans la lettre de Julien.

Du côté du **LEXIQUE**

› Les activités culturelles/de loisirs

❶

Dites où se pratiquent les activités ci-dessous : cochez la case qui convient.

Week-end à Bruxelles

1. J'admire les façades des bâtiments.
2. Je fais du shopping dans les galeries couvertes Saint-Hubert.
3. Je visite les musées royaux des beaux-arts.
4. Je dîne dans un restaurant typique du centre-ville.
5. Je cherche des objets anciens.
6. Je découvre les personnages de BD.
7. Je fais une promenade dans le quartier des institutions européennes.
8. Je photographie la statue du Manneken-Pis.

	1	2	3	4	5	6	7	8
À l'extérieur								
À l'intérieur								
Les deux sont possibles								

Du côté de la **GRAMMAIRE**

› Le futur simple

❷

a) Complétez le programme : mettez les verbes entre parenthèses au futur simple.

Tourisme à Montréal

Premier jour, le matin

Nous .... *(aller)* au Biodôme de Montréal. Vous y .... *(découvrir)* les quatre écosystèmes du continent américain. Cette visite .... *(permettre)* à tous de connaître des climats, des saisons, des végétations différentes. Les enfants .... *(avoir)* la joie de voir des animaux dans leur environnement naturel.

b) Transformez la suite du programme : remplacez le présent par le futur.

Premier jour, l'après-midi

Nous .... *(partons)* ensuite, en direction du Centre canadien d'Architecture : le CCA vous .... *(permet)* de découvrir l'architecture. Sur place, vous .... *(admirez)* ses expositions, vous .... *(restez)* un long moment dans la librairie et vous vous .... *(promenez)* dans le magnifique jardin de sculptures. Les amateurs d'architecture ancienne .... *(visitent)* avec plaisir la maison Shaughnessy, construite en 1874 et superbement restaurée.

❸

Mettez les verbes entre parenthèses au futur simple.

Voyage scolaire les 10 et 11 mai à Bruxelles

Nous .... *(voyager)* en car. Les enfants .... *(devoir)* être tous à

10 heures devant l'école pour le départ. Le voyage .... *(durer)* quatre heures, mais

nous .... *(s'arrêter)* en route : cela .... *(permettre)* aux enfants

de pique-niquer et ils .... *(avoir)* le temps aussi de se reposer un peu.

Nous .... *(arriver)* à Bruxelles vers 15 heures et nous .... *(aller)*

directement à l'hôtel. Je .... *(envoyer)* un mail aux parents pour donner de nos nouvelles.

Madame Clément, institutrice de CM2

› **Le présent continu**

❹

Dites ce que la personne est en train de faire.

Exemple :  → *Ils sont en train de visiter un musée/regarder un tableau.*

1. **2.** **3.** **4.** **5.** **6.**

1. Vous ....

2. Elle ....

3. Je ....

4. Il ....

5. Nous ....

6. Tu ....

› **Le pronom** *on*

❺

Réécrivez le texte sur une feuille séparée : remplacez *on* **par** *les gens,* *nous* **ou** *quelqu'un* **selon le sens et faites les modifications nécessaires.**

Chère Émilie,

Quel bonheur, Montréal, l'été ! Avec Pierre, on fait beaucoup de vélo et de roller (ici on appelle ça « les patins à roues alignées » !).

Tout le monde est très sympathique. On se parle facilement. On a passé une soirée inoubliable avec des Montréalais hier, et on nous a proposé de passer le week-end à Québec !

J'ai pris beaucoup de photos. On les regardera à mon retour ?

Bises, Marie

Du côté de la COMMUNICATION

> Annoncer un programme de visite

6

Reconstituez le texte du programme de visite à l'aide des phrases suivantes.

nous irons visiter les Musées royaux
nous choisirons un restaurant typique sur la Grand-Place
vous aurez le choix entre un dîner-spectacle ou une soirée en discothèque
nous quitterons notre hôtel très tôt
nous commencerons par découvrir la ville à vélo

Une journée à Bruxelles

Le matin, ...

et ....

Vers 13 heures, ...

L'après-midi, ...

Enfin, le soir, ...

En situation

> La Belgique en train

7 🎧 💿21

Écoutez l'enregistrement et cochez la bonne réponse.

1. Le message entendu est un extrait :

   ❑ **a.** d'une émission de télévision sur les trains belges.
   ❑ **b.** d'un cours de géographie sur la Belgique.
   ❑ **c.** d'une publicité pour les voyages en Europe.

2. Pour aller de Londres à Bruxelles en Eurostar, il faut environ :

   ❑ **a.** 1 h 30.
   ❑ **b.** 2 heures.
   ❑ **c.** 1 h 50.

3. On a construit les voies ferrées belges :

   ❑ **a.** dans la première partie du 19ᵉ siècle.
   ❑ **b.** dans la deuxième partie du 19ᵉ siècle.
   ❑ **c.** au début du 20ᵉ siècle.

4. Pour faire Bruges-Gand en train, il faut :

   ❑ **a.** une heure.
   ❑ **b.** une demi-heure.
   ❑ **c.** 50 minutes.

5. Monter dans un train avec son vélo :

   ❑ **a.** est un service gratuit.
   ❑ **b.** n'est pas possible sur certaines lignes.
   ❑ **c.** est possible avec un billet spécial.

› **Week-end culturel**

8

Lisez le mail suivant : un touriste raconte sa visite au centre belge de la BD.
Sur une feuille séparée, sélectionnez les lieux ou curiosités à voir dans ce centre et leurs caractéristiques.

⬤⬤⬤

📧 Envoyer maintenant   📧 Envoyer ultérieurement   🖼 🔗 ▾ 🗑 📎 ✒ Signature ▾   Options ▾   ▦ Insérer ▾   ▤ Catégories ▾

Chère maman,

Notre séjour à Bruxelles se passe super bien. Hier nous sommes allés tous les quatre au centre belge de la BD : on a admiré l'architecture extérieure et intérieure du bâtiment, de style Art nouveau. 400 m² de rêve !

En fait, il y a deux musées : le Musée de l'imaginaire – c'est l'histoire de la BD en Belgique jusqu'en 1950 – et le Musée de la BD contemporaine. Les enfants ont adoré la salle de lecture ! Imagine : une salle avec plus de 24 000 titres en dix langues !

On n'a pas eu le temps de tout visiter, alors, demain, on y retourne pour voir l'atelier d'E. P. Jacobs (le créateur de *Blake et Mortimer*) et une expo sur l'Art nouveau.

Et après, déjeuner en famille à la brasserie du musée !

Gros baisers de nous quatre,

Sébastien

---

9 🕐

Vous désirez aller à Bruxelles en mai ou juin. Vous consultez le document suivant pour organiser votre programme.
Sur une feuille séparée, rédigez un mail pour informer votre ami(e) de votre choix d'activités.

FÊTES ET FESTIVALS À BRUXELLES	
MAI	
CONCOURS MUSICAL INTERNATIONAL REINE ÉLISABETH Un des événements les plus attendus. Concours de piano, de violon et de chant. Pour les finales, il faut prendre ses billets plusieurs semaines à l'avance.	**JAZZ MARATHON** Excellent festival de jazz partout dans la ville.
	PARCOURS D'ARTISTES À Saint-Gilles, portes ouvertes d'ateliers d'artistes.
LE VINGT-KILOMÈTRES DE BRUXELLES Course à pied. Manifestation ouverte à tous.	**ARTS BRUSSELS** Le palais du Heysel accueille 140 galeries d'art contemporain de réputation internationale.
JUIN	
FESTIVAL COULEUR CAFÉ Concerts multiculturels sur le site Tour et Taxis.	
ÉCRAN TOTAL Au cinéma Arenberg, pendant tout l'été, des films inédits ou des classiques pour le plus grand bonheur des cinéphiles.	

Du côté du **LEXIQUE**

› **Les aliments**

❶

Barrez l'intrus.

1. le bœuf – le mouton – le riz – le lapin – le poulet – le porc

2. le citron – les crevettes – la pomme – les cerises – la fraise – la poire

3. le beurre – le yaourt – le fromage – les pâtes – la crème fraîche

4. la carotte – le pain – la salade – la courgette – les haricots verts

❷

Reconstituez le menu.

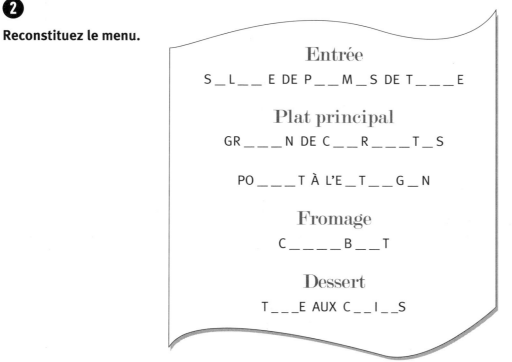

Entrée
S _ L _ _ E DE P _ _ M _ S DE T _ _ _ _ E

Plat principal
GR _ _ _ _ N DE C _ _ R _ _ _ T _ S

PO _ _ _ _ T À L'E _ T _ _ G _ N

Fromage
C _ _ _ _ _ B _ _ T

Dessert
T _ _ _ E AUX C _ _ I _ _ S

❸

Trouvez quels ingrédients sont utilisés pour réaliser les plats suivants.

Exemple : salade de crudités maison → haricots verts, carottes, salade verte, tomates, huile, vinaigre…

1. dinde aux petits légumes du jardin

....

2. pizza de la mer

....

3. tarte aux fruits de l'été

....

Du côté de la **GRAMMAIRE**

> ## Les ingrédients d'un plat : *de* + nom, *à* + article + nom

❹

a) Trouvez des noms de plats à partir des éléments suivants. Utilisez *de* + nom ou *à* + article + nom.

riz – tomates – crème – fraises – haricots – glace – bœuf – cannelle – poisson – salade – tarte – chocolat – gâteau – lapin – pommes de terre – rôti – gratin – yaourt – courgettes – cerises

Exemple : gratin de poisson, glace au chocolat

....

....

....

....

....

....

b) Imaginez des plats originaux ou tout simplement immangeables !

Exemple : poulet aux fraises, yaourt aux pommes de terre

....

....

....

....

> ## Les articles pour parler de sa consommation alimentaire

❺

Entourez l'article qui convient.

1. – Vous prenez du poulet ?

– Ah oui ! J'adore *(du – le – un)* poulet.

2. – Vous désirez *(du – un – le)* fruit ?

– Non, je ne mange pas *(un – de – du)* fruit après le fromage.

3. – Vous prenez *(les – des – de)* légumes ?

– Non, je prends *(le – du – un)* riz.

4. – Tu ne prends pas *(les – de – des)* fraises ? Regarde, elles sont belles !

– Non, j'achète seulement *(de – des – les)* fruits de saison.

5. – Tu n'aimes pas *(de – les – des)* haricots, tu détestes *(les – des – d')* artichauts, mais qu'est-ce que tu aimes ?

– J'aime bien *(de – les – des)* courgettes.

6. – Tu manges *(de la – une – la)* viande ?

– Oui mais *(une – de la – de)* viande blanche uniquement : *(un – du – de)* poulet ou *(une – de – de la)* dinde.

6

Complétez avec *le, la, l', les, un, une, du, de la, de l', des*, ou *de*.

Le régime crétois pour une alimentation équilibrée

1. Ne consommez pas .... viande rouge régulièrement : seule .... viande blanche est autorisée.

   Remplacez .... beurre par .... huile d'olive.

2. Consommez .... poissons gras et .... volaille au moins trois fois par semaine.

3. Achetez de préférence .... fruits et légumes de saison et de qualité.

4. Évitez .... laitages, surtout au lait de vache. Choisissez plutôt .... fromages au lait de chèvre.

5. N'ajoutez pas .... sel à vos aliments et utilisez .... épices pour parfumer et donner du goût.

6. .... boissons sucrées et gazeuses ne sont pas conseillées mais vous pouvez consommer

   .... jus de fruits sans sucre et/ou .... vin : un à deux verres par jour maximum.

   Pensez à boire .... eau, si possible un litre par jour.

7. En cas de petite faim entre les repas, prenez de préférence .... fruit frais ou .... pain complet

   avec .... huile d'olive ou .... fromage de chèvre.

Du côté de la **COMMUNICATION**

› **Parler de la/sa consommation alimentaire**

7

Remettez le dialogue dans l'ordre.

.... **a.** – Ben oui, j'ai mangé seulement la viande et j'ai laissé les courgettes.

.... **b.** – En entrée, une salade et après on nous a servi de la dinde avec des courgettes.

.... **c.** – Oui, je sais, mais j'ai pris des haricots verts en salade en entrée.

.... **d.** – Qu'est-ce que tu as mangé à midi à la cantine, mon chéri ?

.... **e.** – J'ai pris deux pots de mousse au chocolat !

.... **f.** – Ah oui, c'est vrai, les haricots verts de l'entrée, ça fait le légume. Et comme dessert ?

.... **g.** – Mais je te dis et je te répète qu'il faut toujours manger un légume.

.... **h.** – Ça alors ! Mais tu n'aimes pas les courgettes !

8

Indiquez les habitudes alimentaires des personnages et animaux suivants.

Exemple : un sportif → Il mange toujours des pâtes et du fromage, souvent de la viande, des fruits
et des légumes, il consomme rarement de la charcuterie et il ne boit jamais d'alcool.

1. un bébé de deux mois : ....

2. une top model : ....

3. un végétarien : ....

4. un chien : ....

5. une vache : ....

En situation

› Les habitudes alimentaires

9 22

Le Comité national de l'alimentation organise une enquête sur la consommation alimentaire. À cette occasion, on observe le contenu des réfrigérateurs dans les familles. Lisez la liste suivante puis écoutez l'enregistrement et notez les réponses d'une mère de famille.

ALIMENTS STOCKÉS DANS LE RÉFRIGÉRATEUR   *n° : 83*

- Crémerie : ....
- Viande/charcuterie : ....
- Poisson/crustacés : ....
- Fruits/légumes : ....
- Pâtisserie : ....
- Autre : ....

› Bonnes ou mauvaises habitudes ?

10

a) Lisez le texte et expliquez le titre.

....

b) Donnez un titre à chaque paragraphe.

1

2

3

4

RÉGIMES DES ADOS : MAUVAISE NOTE !

Les adolescents se nourrissent mal : c'est le cri d'alarme des médecins nutritionnistes et des diététiciens.

→ Pour commencer la journée, garçons et filles prennent en général une simple boisson chaude (chocolat, café, thé) et, bien sûr, ils se sentent fatigués vers 11 heures !

→ À midi, les élèves qui déjeunent à la cantine sont certains d'avoir un menu équilibré (légumes, viande ou poisson, produit laitier, fruit). Mais beaucoup d'autres mangent en vitesse : un simple sandwich ou, plus grave, seulement une barre chocolatée …

→ À la sortie des cours, vers 17 heures, les pauses-goûter avec laitages et fruits sont rares : c'est plutôt l'heure de la cigarette (37 % fument tous les jours).

→ Enfin, le soir, les ados dînent de moins en moins souvent à table avec leurs parents ; ils mangent ce qu'ils trouvent dans le réfrigérateur familial. Parents, soyez vigilants quand vous faites des courses !

1. ....   3. ....

2. ....   4. ....

11

Vous avez lu cette annonce sur un site Internet. Envoyez votre témoignage sur une feuille séparée : précisez votre mode d'alimentation aux différents repas de la journée.

---

bienmanger.com

ENQUÊTE DE LA SEMAINE

Avez-vous une alimentation équilibrée ?

Envoyez votre témoignage.

Du côté du **LEXIQUE**

› Les vêtements et les accessoires

❶

Associez les éléments. (Plusieurs associations sont possibles.) Faites les accords nécessaires.

un short – une veste – un top – un pull – une ceinture – des gants – des lunettes – un manteau – un pantalon – une jupe – des collants – des chaussures – une robe	uni – à talons plats – à col roulé – en soie – noir – à fleurs – à carreaux – à manches courtes – long – en coton – en laine – court – en cuir

....
....
....
....
....

❷

Barrez l'intrus.

1. pour se protéger du froid : un manteau – un blouson – une cravate – des collants en laine – un bonnet

2. vêtements de plage : un short – un bermuda – une écharpe – un maillot de bain

3. vêtements de femme : une jupe – un costume – une robe – un tailleur – un chemisier

4. accessoires : un chapeau – un bijou – un pull – une ceinture – des lunettes

5. chaussures : des tennis – des gants – des chaussures à talons – des baskets – des bottes

❸

Vous préparez votre valise pour partir une semaine. Faites la liste des vêtements et accessoires que vous allez emporter.

1.   2.   3.

1. ....
2. ....
3. ....

Du côté de la GRAMMAIRE

› Les pronoms personnels sujets et COD

4

Réduisez les répétitions des mots soulignés : utilisez des pronoms sujets et/ou COD à chaque fois que cela est possible.

1. **Les chaussures : un accessoire essentiel !** J'adore les chaussures, les chaussures sont très importantes pour composer une tenue : moi, je choisis les chaussures en premier puis je sélectionne la robe ou le pantalon qui va avec elles. J'aime surtout les chaussures à talons parce que les chaussures à talons font de belles jambes.

2. **Vive la mode !** La mode est partout, impossible de ne pas voir la mode : on trouve la mode dans les magazines, sur Internet mais c'est surtout vous qui faites la mode. La mode circule dans la rue. Être à la mode, c'est mélanger le nouveau et l'ancien, les matières et les couleurs.

3. **L'histoire du pantalon au féminin.** Les femmes commencent à porter le pantalon au début du 20e siècle : le pantalon est autorisé uniquement pour faire du vélo et du cheval. Après la guerre, les femmes peuvent aussi porter le pantalon à la plage mais le pantalon n'est pas accepté au bureau ou à l'école. Dans les années 1960, le pantalon féminin est autorisé dans les écoles seulement avec une jupe par-dessus ! À partir de 1980, toutes les femmes (des villes ou de la campagne) adoptent le pantalon et portent le pantalon en toutes occasions.

1. ....
....
....
....

2. ....
....
....
....

3. ....
....
....
....

› Donner des conseils

5

Complétez avec les verbes suivants à la forme qui convient.

éviter – emporter – devoir – ne pas oublier – ne pas hésiter

Quelles tenues porter à Paris au mois de mai ? Nos conseils aux touristes
Il faut .... des vêtements assez légers mais vous .... prendre aussi
quelques pulls, vestes et pantalons bien chauds, il peut encore faire froid. .... de prendre
un manteau de fourrure, ce n'est plus l'hiver !) Et puis, ... à sélectionner une ou deux
tenues chic pour vos sorties le soir : par exemple, une petite robe noire, c'est toujours élégant
et .... de la porter avec un bijou !

Du côté de la **COMMUNICATION**

› **Faire une appréciation positive/négative**

6

Observez ces deux mannequins. Trouvez des appréciations positives et/ou négatives pour chaque mannequin et sa tenue. Utilisez des formules comme : *elle a l'air de* **+ nom,** *elle a l'air* **+ adjectif,** *je la/les trouve* **+ adjectif.**

1. ....

....

2. ....

....

....

› **Donner des conseils**

7

Vous conseillez une amie. Utilisez les structures suivantes : *il faut* **+ nom ou verbe à l'infinitif –** *tu peux/dois* **+ infinitif – impératif –** *n'hésite pas à* **+ verbe à l'infinitif –** *évite de* **+ verbe infinitif**

1. Cette amie est invitée à une réception officielle à l'ambassade de France.
2. Cette amie va faire une randonnée en montagne.

Exemple : Choisis une tenue discrète mais élégante…

1. ....

....

....

2. ....

....

....

En situation

› **Vu sur les podiums**

Écoutez l'enregistrement puis cochez les bonnes réponses.

1. La personne qui parle est :
- ❏ **a.** un créateur.
- ❏ **b.** un journaliste.
- ❏ **c.** un mannequin.

2. La personne parle :
- ❏ **a.** des nouvelles tendances de la mode.
- ❏ **b.** de l'histoire de la mode.
- ❏ **c.** d'un nouveau magazine de mode.

3. Les couleurs dominantes des collections sont :
- ❏ **a.** le gris, le blanc et le violet.
- ❏ **b.** le rouge et le noir.
- ❏ **c.** le rouge et le jaune.

4. Chez tous les couturiers, on voit de nouveau :
- ❏ **a.** des pantalons.
- ❏ **b.** des manteaux.
- ❏ **c.** des chapeaux.

5. Au défilé Dior, il y a des tenues :
- ❏ **a.** noires et rouges.
- ❏ **b.** rouges et jaunes.
- ❏ **c.** blanches et grises.

6. Au défilé Chanel, on voit principalement :
- ❏ **a.** des manteaux et des bijoux.
- ❏ **b.** des pantalons et des bijoux.
- ❏ **c.** des robes et des bijoux.

› **Des goûts et des couleurs**

9

a) Observez ce puzzle et imaginez, sur une feuille séparée, deux tenues (classiques, élégantes, originales, drôles...). Pour chacune, sélectionnez quatre éléments du puzzle (une tête, un vêtement porté en haut du corps, un en bas et des chaussures) et imaginez des couleurs.

Exemple : Personnage imaginé :
3A, 4B, 3C, 3D →
3A : blond,
4 B : pull blanc en coton...

b) Sur une feuille séparée, écrivez pour un magazine de mode les textes descriptifs qui représentent les mannequins avec les deux tenues composées.

Exemple : Barthélemy, notre mannequin blond, porte un pull-over blanc en coton, un bermuda en lin, à rayures noires et rouges. Il porte des tennis Nike noires avec des chaussettes de sport blanches. On adore !

Du côté du **LEXIQUE**

› La caractérisation des objets

❶

a) Complétez avec un adjectif en *-able*.

*Exemple : On peut récupérer les piles que j'utilise pour mon poste de radio : ce sont des piles **recyclables**.*

1. Je peux emporter mon ordinateur avec moi quand je voyage : c'est un ordinateur ....

2. On peut utiliser cet appareil photo pour faire une seule série de photos : c'est un appareil ....

3. Je peux porter mon blouson quand il pleut : c'est un blouson ....

4. Je mets ce vêtement à la machine et une demi-heure plus tard il est propre : c'est un vêtement ....

b) Complétez avec les mots suivants. (Faites les accords nécessaires.)

poids – ludique – fonction – matière – prix – résistant

1. Je m'amuse beaucoup avec mon Smartphone : c'est un objet très .... et très moderne :

il a de nombreuses .... : je peux téléphoner, filmer, envoyer des mails, regarder des vidéos…

2. J'hésite à acheter cette planche de surf à cause de son .... : plus de 200 euros !

Elle est fabriquée dans une nouvelle .... qui est très ....

Elle est exceptionnelle aussi par son .... : moins de 15 kg !

Du côté de la **GRAMMAIRE**

› Les pronoms personnels COI *lui, leur*

❷

Dites de quel(les) personne(s) on parle. Reformulez comme dans l'exemple.

Exemple : On lui demande conseil quand on a un problème personnel.
*→ On demande conseil **à son psychologue** quand on a un problème personnel.*

1. On leur envoie une carte postale de vacances.

....

2. Je lui écris une lettre et lui lui fais un cadeau pour sa fête.

....

3. Je lui dis « je t'aime ». ....

4. On leur offre surtout des jouets. ....

5. La police lui demande ses papiers. ....

6. On leur parle lentement parce qu'ils ne comprennent pas bien notre langue.

....

› Les pronoms COD *le, la, les* et COI *lui, leur*

❸

Complétez avec le pronom qui convient.

De : carineflot@aol.com

Objet : anniversaire Antoine

Jacques,

N'oublie pas : le 22, c'est l'anniversaire d'Antoine ! Il faut .... préparer une belle fête pour

ses quarante ans. Je vais .... téléphoner pour .... inviter à la maison

mercredi soir. Toi, tu pourras aller .... chercher à la sortie du bureau vers 19 heures.

Tous les copains de vacances seront là : il sera content de .... voir. On peut inviter aussi

Béatrice (appelle-......................... s'il te plaît) et ses deux amis du club de tennis :

il .... apprécie beaucoup. Je ne sais pas encore quoi .... offrir :

je contacterai les invités pour .... poser la question, ils auront peut-être une idée.

Bises,

Carine

› Les pronoms relatifs *qui* et *que*

❹

a) Complétez avec *qui* ou *que* puis dites de quelle profession on parle.

*Exemple : C'est une personne **qui** joue d'un instrument et **que** vous pouvez écouter en concert.*
        *→ **un musicien***

1. C'est une personne .... vous consultez quand vous êtes malade et .... vous prescrit

des médicaments. → ....

2. C'est une personne .... a appris la mécanique et .... vous allez voir quand vous avez

un problème de voiture. → ....

3. C'est une personne .... peut gagner beaucoup d'argent et .... on peut voir au cinéma.

→ ....

4. C'est une personne .... travaille à la radio, à la télé ou pour un journal et .... nous informe

sur l'actualité. → ....

b) À vous ! Continuez la liste. Proposez quatre autres devinettes.

1. ....

2. ....

3. ....

4. ....

5

a) **Transformez comme dans l'exemple puis dites de quel objet on parle.**

Exemple : Dans ma chambre : J'utilise cet objet pour éclairer la pièce et cet objet est décoratif.
→ C'est un objet que j'utilise pour éclairer la pièce et qui est décoratif. → une lampe

Dans la salle de bains

1. Cet objet est très important pour l'hygiène et je l'utilise pour me laver les dents.

C'est un objet .... → ....

2. On trouve cet objet dans toutes les salles de bains et il sert à se regarder.

C'est un objet .... → ....

3. Cet objet est en coton et on le met autour du corps après la douche.

C'est un objet .... → ....

Dans la cuisine

4. Cet objet est en métal et permet de faire cuire des aliments.

C'est un objet .... → ....

5. Cet objet sert à boire du café ou du thé et on le pose sur la table.

C'est un objet .... → ....

b) **À vous ! Imaginez quatre autres devinettes avec des objets de la vie quotidienne.**

....

....

....

....

Du côté de la **COMMUNICATION**

❯ **Conseiller sur le choix d'un cadeau**

6

Complétez les échanges avec les phrases suivantes.

a. Offrez-leur un week-end en Italie ou en Espagne

b. Prends-lui un appareil numérique

c. On peut lui offrir un téléphone portable

d. Vous pouvez lui prendre un vélo

e. Je vous conseille de lui offrir un parfum

f. Achète-lui plutôt un livre ou un CD, pour changer

1. – Qu'est-ce que j'offre à Corinne ?

– ...., elle adore la photo !

2. – On a déjà pensé à tous nos cadeaux de Noël mais on ne sait pas quoi offrir à nos parents !

– ...., il y a des promotions de voyages sur Internet en ce moment !

3. – Et pour papa, je prends une cravate, comme d'habitude ?

– .... !

4. – Mademoiselle, vous pouvez me conseiller ? Qu'est-ce que je peux offrir à un enfant de cinq ans ?

– ...., les petits garçons aiment bien faire du sport !

5. – Tu as une idée de cadeau pour l'anniversaire de maman ?

– ...., comme ça elle pourra nous appeler !

6. – Madame, je cherche une idée de cadeau pour mon épouse.

– Ah ! Monsieur, ... Ça fait toujours plaisir à une femme.

En situation

› **À chacun son cadeau !**

7 ◉24

Écoutez les six dialogues et complétez le tableau pour chaque situation.

	Quel cadeau ?	Qui l'offre à qui ?	À quelle occasion ?
1			
2			
3			
4			
5			
6			

› **Objets introuvables**

8 ◔

Ces curieux objets sont extraits du *Catalogue des objets introuvables*. Sur une feuille séparée, écrivez une légende pour présenter ces objets dans le catalogue. Vous imaginerez le nom de l'objet et vous donnerez des précisions sur sa forme, sa couleur, sa fonction.

Exemple :   →   *GONFLEUR : casserole de camping.*
C'est une casserole gonflable en plastique qu'on peut transporter facilement et qui est idéale pour le camping.

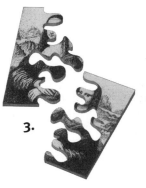

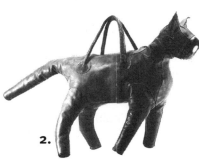

1.

2.

3.

Du côté du **LEXIQUE**

> **Faire des achats**

❶

Complétez le dialogue avec les mots suivants.

prix – commander – la réduction – l'édition – rayon – poche – l'intégrale – roman

– Bonjour, monsieur. Je voudrais .... des *Fables* de La Fontaine, en version illustrée, s'il vous plaît.

– Désolé, madame, mais on n'en a plus en ce moment mais vous pouvez la ....

– Non, c'est pour un cadeau, je ne peux pas attendre.

– Eh bien, je peux vous proposer .... simple si vous voulez.

– Quel est son .... ?

– 15,90 €, ... de 5 % est incluse.

– D'accord, je vais prendre ça.

– Vous désirez autre chose ?

– Oui, le dernier .... d'Anna Gavalda en livre de ....

– Vous le trouverez sur le présentoir au centre du ....

> **Les commerces et commerçants**

❷

Dites où vous pouvez faire ces courses. (Plusieurs réponses sont parfois possibles.)

Exemple : pour acheter des gâteaux → à la pâtisserie, chez le pâtissier

1. des tomates ....

2. des médicaments ....

3. des biftecks ....

4. des tulipes ....

5. des œufs ....

6. des croissants ....

7. du saumon ....

8. du pain ....

❸

Complétez les répliques avec les éléments suivants. Faites les accords nécessaires.

surgelé – parfumé – pas trop cuit – bien cuit – sucré – pas mûr – bien mûr

1. Il nous reste du poisson .... dans le congélateur et c'est tout.

2. Les poires sont ...., il faut les manger.

3. Sens ces fraises, elles sont vraiment .... !

4. Une baguette ...., svp.

5. On ne peut pas encore manger ces avocats, ils ne sont ....

6. J'aime bien la viande comme ça, un peu saignante, ...

7. Quel parfum, ces melons : goûtez comme ils sont .... !

4

Corrigez les erreurs et retrouvez la formulation correcte. (Plusieurs réponses sont parfois possibles.)

Exemple : une ~~tablette~~ de gâteau → une part/un morceau de gâteau

1. un kilo d'huile ....

2. une botte de bonbons ....

3. un tube de beurre ....

4. un pot de jambon ....

5. un paquet de fromage ....

6. une boîte de radis ....

7. un morceau de mayonnaise ....

8. un litre de moutarde ....

9. une part de fraises ....

Du côté de la **GRAMMAIRE**

› **Le pronom *en***

5

Précisez les quantités nécessaires pour six personnes puis pour douze personnes.

Exemple : Pour 6 personnes, il faut 250 grammes de pâte brisée ; mais pour 12 personnes, il en faut 500 grammes.

TARTE AUX ABRICOTS

Ingrédients pour 6 personnes

Pâte brisée	250 grammes
Abricots	12
Beurre	50 grammes
Sucre vanillé	une cuillère à soupe
Œufs	2
Sucre	75 grammes
Crème fraîche	15 centilitres

....

....

....

....

....

....

6

Complétez les dialogues avec le pronom *en* et le verbe qui convient.

Exemple :

Vous avez des tomates ?

Oui, nous **en** avons de belles, aujourd'hui.

Chez un marchand de fruits et légumes

1. – Il vous reste des poires ?

– Ah non, désolé, il n'............................... plus. J'ai tout vendu.

2. – Vous me mettez aussi un kilo de pommes de terre, s'il vous plaît ?

– Allez, je .... trois kilos pour le prix de deux. Cadeau de la maison !

Dans un magasin de chaussures

3. – Vous avez des chaussures de sport pour enfant ?

– Oui bien sûr, on .... de différentes marques.

4. – Je cherche des tennis rouges, vous .... ?

– Rouges ? Je regrette, madame, nous .... pas de cette couleur.

Dans un train

5. – Excusez-moi, il y a un wagon-restaurant dans ce train ?

– Oui, il y .... un en milieu de train.

6. – Vous avez un billet ?

– Oui, je .... un, mais je ne sais pas où il est !

Chez le fleuriste

7. – Vous n'avez pas de tulipes ?

– Non, je regrette, nous .... pas en ce moment.

8. – Je voudrais des roses blanches.

– Oui, combien ?

– Je .... une dizaine.

À l'école

9. – Il y a combien d'enfants dans chaque classe ?

– Il y .... trente, en moyenne.

10. – Vos enfants ont une tenue de sport ?

– Oui, ils .... une toute neuve.

Du côté de la COMMUNICATION

› Faire des achats

❼

Complétez le dialogue avec les répliques suivantes.

Et ce sera tout ? – Ça fait 9,10 €. – Combien en voulez-vous ? – Vous désirez autre chose ? – Vous désirez ? – Je n'en ai plus du tout.

LE VENDEUR : ....

LA CLIENTE : Je voudrais des pommes, s'il vous plaît.

LE VENDEUR : ....

LA CLIENTE : J'en prends 1 kg, s'il vous plaît.

LE VENDEUR : ....

LA CLIENTE : Donnez-moi un melon bien mûr, s'il vous plaît.

LE VENDEUR : ....

LA CLIENTE : Bon, alors je prendrai trois pamplemousses.

LE VENDEUR : ....

LA CLIENTE : Oui, je vous dois combien ?

LE VENDEUR : ....

En situation

› Au marché

❽

Écoutez l'enregistrement et entourez le bon ticket de caisse.

1 kg de pommes	1,50 €
2 avocats	1,60 €
1 botte de radis	2,20 €
1 kg de tomates	2,10 €
2 kg de pommes de terre	1,80 €
TOTAL	**9,20 €**

a.

1 kg de pommes	1,50 €
2 avocats	1,60 €
1 kg de tomates	2,10 €
2 kg de pommes de terre	1,80 €
TOTAL	**7,00 €**

b.

1 kg de pommes	1,50 €
1 botte de radis	2,20 €
1 kg de tomates	2,10 €
2 kg de pommes de terre	1,80 €
TOTAL	**7,60 €**

c.

› Scénario

❾

Sur une feuille séparée, écrivez un extrait de scénario de film à l'aide des informations suivantes.

La scène se passe sur un marché, au stand d'un fleuriste. Un jeune homme désire acheter un bouquet de fleurs : il aime les roses rouges mais c'est la fin du marché et le fleuriste a tout vendu. Alors, il lui propose de belles roses blanches ; le jeune homme demande le prix et, finalement, il repart avec douze roses blanches (payées par chèque).
LE FLEURISTE : ...
LE JEUNE HOMME : ...

Du côté du **LEXIQUE**

› La caractérisation positive ou négative

❶

Complétez les appréciations avec les mots suivants. Faites les accords nécessaires. (Plusieurs réponses sont parfois possibles.)

nouveau – délicieux – original – désagréable – copieux – petit – bon – efficace – exceptionnel – froid

Dans le livre d'or du restaurant

1. Bravo ! La cuisine est .... et le personnel très .... !

2. Non, je ne reviens plus ici ! L'ambiance est .... et la cuisine n'est pas .... !

3. Félicitations pour vos menus à .... prix ! Et en plus la cuisine est très .... !

4. Bravo pour votre restaurant qui ne ressemble pas aux autres ! Le décor est ...., les plats très .... : c'est bien pour les gros appétits.

5. Votre .... carte est formidable, mais je trouve l'accueil un peu .... Dommage !

› Le restaurant

❷

Rétablissez la logique dans cette critique de restaurant : mettez les mots soulignés à la bonne place.

CUISINE LYONNAISE

Daniel et Denise
15 rue de Créqui
69003 Lyon

Venez vite découvrir ce petit .... dessert

au cœur de Lyon. La .... réservation est belle

et la .... cuisine y est très sympathique. Côté

.... salle, trois menus avec ....

ambiance, plat et .... soir à 15, 20 et 30 €,

.... restaurant compris.

Ouvert toute la semaine.
Fermé le dimanche .... *service.*

.... *Entrée conseillée.*

Du côté de la GRAMMAIRE

› La place de l'adjectif

❸

Mettez les adjectifs suivants à la place qui convient : *petit – simple – nouveau – grand – beau – classique.*
(Plusieurs réponses sont parfois possibles.)

> ### À DÉCOUVRIR
>
> Ce .... restaurant .... de quartier vient de changer de
>
> propriétaire. Le .... chef .... vous propose
>
> une .... cuisine .... à .... prix
>
> ....
>
> Vous apprécierez aussi le .... décor .... mais de bon
>
> goût, et les vins de .... qualité ....
>
> Félicitations pour cette .... réussite .... !

❹

Caractérisez les éléments donnés à l'aide des adjectifs suivants. Attention à leur place !
(Plusieurs réponses sont parfois possibles.)

grand(e) – copieux/copieuse – exquis(e) – facile – délicieux/délicieuse – exceptionnel(le) – simple – bon(ne)

1. une recette pour débutants   une ....

2. un plat qui a très bon goût   un ....

3. la cuisine d'un chef   une ....

4. un plat bien rempli   un ....

› *Ne... que*

❺

Reformulez les phrases en utilisant *ne... que*.

Exemple : Ce type de restaurant existe seulement en France. → Ce type de restaurant ***n'****existe* ***qu'****en France.*

1. Je suis allé une fois dans ce restaurant. ....

2. Tu as réservé pour deux personnes ? ....

3. Nous aimons la viande rouge. ....

4. Elle commande des plats végétariens. ....

5. Ils servent des produits frais. ....

6. Vous prenez un dessert pour deux ? ....

> ## *Ne... que* et *ne... plus*

6

Sophie veut faire une tarte mais elle n'a pas les ingrédients
ou les quantités nécessaires.
Expliquez son problème, comme dans l'exemple.

Exemple : 200 g de farine (100 g de farine)
→ Elle n'a que 100 grammes de farine./
Il n'y a que 100 grammes de farine./
Il ne reste que 100 grammes de farine.

TARTE AU FROMAGE	
200 g de farine	(100 g)
1 cuillerée à café de sel	
100 g de parmesan	(0 g)
50 g de gruyère râpé	
125 g de beurre	(75 g)
2 œufs	(1)
1 tasse de lait	(0)

....

....

....

....

....

Du côté de la **COMMUNICATION**

> ## Commander au restaurant

7

Qui parle : le serveur ou le client ? Cochez la bonne réponse.

	Le serveur	Le client
1. Nous n'avons plus de tarte.		
2. Nous allons prendre deux menus.		
3. Je n'ai plus de crème caramel.		
4. Deux cafés et l'addition, s'il vous plaît !		
5. Je peux vous changer de table, si vous voulez.		
6. Ce vin va très bien avec le poisson.		
7. Vous désirez ?		
8. Faites vite, je suis pressé !		

8

Pour chaque situation, cochez la formule correcte.

1. Le serveur prend la commande. Il dit :
  ❑ **a.** Et comme plat ?
  ❑ **b.** Vous avez passé commande ?

2. Le serveur conseille un plat. Il dit :
  ❑ **a.** C'est très bien, je le commande.
  ❑ **b.** C'est très bon, je vous le recommande.

3. Le serveur veut connaître l'appréciation des clients. Il dit :
  ❑ **a.** Il a plu ?
  ❑ **b.** Ça vous a plu ?

4. Le client commande un plat. Il dit :
  ❑ **a.** Je vais prendre une glace en dessert.
  ❑ **b.** Donnez-moi la carte des desserts.

En situation

› Dans l'assiette

 26

Écoutez l'enregistrement. Associez chaque extrait de dialogue à une des étapes du repas.

a. l'entrée
b. le plat principal
c. le fromage
d. le dessert

1	2	3	4	5
......	......	......	......	......

› Restaurants insolites

a) **Voici quatre noms de restaurants insolites à Paris. Associez noms et caractéristiques.**

   1. Le Chineur
   2. Le Bel Canto
  3. Le Wagon Bleu
      4. 1728

  a. Le personnel ne parle pas mais chante.
  b. On remonte le temps. Terminus : le 18ᵉ siècle.
  c. Tout est à vendre dans la salle.
  d. C'est comme dans l'Orient express mais sans les kilomètres.

b) **Lisez la présentation d'un des quatre restaurants. Identifiez ce restaurant.**

QUELQUES RESTAURANTS INSOLITES À PARIS
                                                    Dans le 20ᵉ arrondissement

Imaginez une sorte de resto-brocante. Tout est à vendre autour de vous… même les assiettes et les verres que vous allez utiliser ! La salle ressemble à un grenier* de grand-mère. Le service est un peu long mais le personnel est très aimable : ils veulent peut-être vous laisser le temps de trouver l'objet qui vous plaît… Côté cuisine, on vous propose des plats traditionnels, des préparations simples mais bonnes et l'addition finale est correcte : il vous restera quelques euros pour repartir peut-être avec un objet (vase, petit meuble, livre ancien, etc.).

* *Grenier :* pièce située sous le toit d'une maison.

---

c) **Dites dans quel ordre apparaissent les informations suivantes.**

les prix	le décor	la cuisine	l'ambiance	le personnel
....	....	....	....	....

11

À la manière de la critique de l'activité précédente, écrivez, sur une feuille séparée, un petit texte sur un des trois autres restaurants insolites.

Du côté du **LEXIQUE**

› **Souvenirs**

❶

Complétez avec les mots suivants.

l'époque – avais – me souviens – les années – étais – temps

1. Au .... de mon enfance, je passais mes vacances dans les Alpes chez mes grands-parents.

2. Quand je .... enfant, je n'étais pas très sage.

3. Quand je .... douze ans, je n'avais pas encore l'autorisation de sortir le soir.

4. Dans .... 1980, je voulais devenir célèbre comme les Beatles.

5. À ...., je jouais de la guitare dans un groupe avec mes copains.

6. Je .... que nous nous retrouvions dans un garage pour les répétitions.

› **La ville et la campagne**

❷

Classez les noms suivants dans les deux catégories.

le stress – la pollution – le rythme d'enfer – la nature – le jardinage – le métro – le bruit – les files d'attente –
les immeubles – le village – les distractions – le calme – l'espace – les embouteillages – la vie culturelle –
le bon air – les maisons individuelles

1. La vie en ville : ....
....

2. La vie à la campagne : ....
....

Du côté de la **GRAMMAIRE**

› **L'imparfait**

❸

Mettez les verbes entre parenthèses à l'imparfait.

Quand je .... *(être)* petit, peu de gens .... *(avoir)* une voiture :

en général, on .... *(partir)* en vacances en train. Nous, nous ....

(passer) juillet et août au même endroit parce que nos grands-parents .... *(avoir)* une petite

maison au bord de la mer et nous .... *(aller)* chez eux chaque année. Le 1er juillet,

papa nous .... *(accompagner)* à la gare et nous .... *(prendre)* le train

avec maman et mon frère, direction la Bretagne. Ce .... *(être)* une époque merveilleuse !

4

a) Mettez les verbes entre parenthèses à l'imparfait.

LE JOURNALISTE : Clara, où est-ce que vous .... (habiter) quand vous ....

(être) petite ?

CLARA : Je .... (vivre) à Strasbourg avec mes parents et ma petite sœur.

LE JOURNALISTE : Vous .... (être) un enfant facile ?

CLARA : Pas du tout ! Au contraire, je .... (être) très indisciplinée ;

mes parents .... (avoir) beaucoup de difficultés avec moi, et puis, avec ma sœur,

on .... (se disputer) tout le temps. Il y .... (avoir) une ambiance

explosive à la maison !

LE JOURNALISTE : Quelles .... (être) vos activités préférées ?

CLARA : Moi, je .... (faire) du foot avec les garçons et ma sœur ....

(jouer) avec sa poupée. Nous .... (avoir) vraiment des caractères différents !

LE JOURNALISTE : Et physiquement, comment .... (être) vous ?

CLARA : Je .... (être) mince, assez petite et je .... (avoir) les cheveux

blonds et frisés

LE JOURNALISTE : Et qu'est-ce que vous .... (vouloir) faire plus tard comme métier ?

CLARA : Je .... (vouloir) devenir chauffeur de camion ou garagiste !

b) Sur une feuille séparée, répondez personnellement aux cinq questions du journaliste.

Quand j'étais petit(e), je...

› Comparer

5

Complétez les textes avec : *plus – moins – plus de – moins de – mieux – meilleur(e)*.

Tout change !

L'alimentation ◆ À présent, nous avons une alimentation de .... qualité que dans
les années 1950 : nous mangeons .... produits gras, ...
sucre mais .... légumes et .... fruits.

Les conditions de travail ◆ Aujourd'hui, nous sommes .... payés, nous
travaillons .... heures dans la semaine et nous avons ....
loisirs : nos conditions de vie sont vraiment .... !

Les rapports hommes/femmes ◆ Globalement il y a une .... entente et
.... inégalités entre les deux sexes mais, à la maison, les femmes exécutent encore
.... tâches ménagères que les hommes et, dans le domaine professionnel,
elles travaillent souvent .... qu'eux mais ont des salaires .... élevés.

Du côté de la COMMUNICATION

› Évoquer des souvenirs

6

Reconstituez les deux dialogues à l'aide des répliques suivantes.

1. .... **a.** – Exactement et il y avait Dany Boon et Kad Mérad dans les deux rôles principaux.

   .... **b.** – Quel film exactement ?

   .... **c.** – Oh, l'histoire se passait dans le Nord de la France...

   .... **d.** – Oui, c'est ça ! Tu as plus de mémoire que moi !

   .... **e.** – L'histoire d'un Marseillais qui travaillait à la Poste dans le Pas-de-Calais ?

   .... **f.** – Ça y est ! *Bienvenue chez les Chti's !*

   .... **g.** – Tu te souviens de ce film comique qui est sorti en 2008 ou 2009 et qui a eu un énorme succès ? Je cherche son titre.

2. .... **a.** – Là où on allait acheter le pain et la viande ?

   .... **b.** – Je cherche le nom de ce petit village sympa où on allait souvent quand on faisait du camping en Bretagne...

   .... **c.** – Guilvinec ?

   .... **d.** – Non, à côté, tu sais il y avait une petite place au centre du village...

   .... **e.** – Guilvinec, bien sûr !

   .... **f.** – Oui, exactement, et le nom du village commençait par Gui...

   .... **g.** – Ploumarec, peut-être ?

En situation

› Les années lycée

7

Écoutez l'enregistrement puis cochez les réponses correctes.

1. La personne qui témoigne parle :
   ☐ **a.** à son petit-fils. ☐ **c.** à une animatrice radio.
   ☐ **b.** à une amie.

2. La personne évoque la période :
   ☐ **a.** 1960-1970.
   ☐ **b.** 1970-1980.
   ☐ **c.** 1980-1990.

3. Maintenant, au lycée Hélène Boucher, il y a :
   ☐ **a.** des garçons et des filles.
   ☐ **b.** uniquement des filles.
   ☐ **c.** uniquement des garçons.

4. Maintenant, le règlement du lycée est :
   ☐ **a.** plus sévère.   ☐ **c.** moins sévère qu'avant.
   ☐ **b.** aussi sévère.

5. Avant, dans ce lycée :
   ☐ **a.** on portait des jeans.
   ☐ **b.** le maquillage était autorisé pour les plus de dix-huit ans.
   ☐ **c.** il fallait avoir son nom écrit sur son tablier*.

6. Brigitte pense que, de son temps, c'était :
   ☐ **a.** mieux. ☐ **b.** moins bien. ☐ **c.** la même chose.

* *Tablier :* vêtement porté par-dessus une robe/jupe et un chemisier pour éviter de se salir.

› **Souvenirs d'enfance**

8

Lisez cet extrait de la rubrique « Rétroviseur » du magazine *Auto moto rétro* et répondez.

RÉTROVISEUR

**Interview d'Ysabelle Lachant, écrivaine,
à propos de son dernier roman *Mots en mouvement*.**

Le visage d'Ysabelle Lachant s'illumine quand elle explique le rapport qu'il y a entre mots et mouvement : « Mes meilleurs moments d'inspiration, ils me sont venus dans une voiture. Le problème n'est pas d'écrire mais d'oublier le monde. À partir du moment où on est sur une autre planète, l'écriture vient ! »

Son premier souvenir de voiture ? La berline* de son père, lui aussi écrivain : « C'était une Frégate. Un énorme éléphant – beige en vérité, mais je la voyais rose ! Elle nous transportait, mes demi-sœurs et moi, dans notre maison du Sud de la France pour les vacances. Cette Frégate était donc synonyme de voyage, mais aussi de ma place dans notre famille recomposée. J'y étais bien… Très spacieuse, elle datait du début des années 1960, ses formes rondes étaient confortables ! Mon père la conduisait avec des gants en cuir. Ce souvenir m'habite toujours. »

Berline : grande voiture familiale.

	Vrai	Faux
1. Ysabelle Lachant parle de sa vie actuelle dans son dernier roman.	❏	❏
2. Ysabelle Lachant se souvient d'une voiture qui appartenait à son père.	❏	❏
3. La voiture était petite et de couleur rose.	❏	❏
4. Ysabelle Lachant a eu une enfance heureuse dans une famille recomposée.	❏	❏

9

**À votre tour, vous témoignez dans la rubrique « Rétroviseur ». Sur une feuille séparée, vous évoquez le souvenir d'une voiture (personnelle ou autre).
Précisez ses caractéristiques (marque, couleur, etc.), son usage, sa fonction (déplacement pour le travail, les vacances, etc.), pourquoi elle était importante pour vous.**

Du côté du **LEXIQUE**

› Le logement

❶

Dites dans quelle pièce ou partie de la maison vous pouvez entendre les phrases suivantes. (Plusieurs réponses sont parfois possibles.)

1. Oh non ! Qui a pris mon dentifrice ? ....

2. Arrêtez de sauter sur notre lit, les enfants ! ....

3. Il fait un peu froid, on retourne à l'intérieur ? ....

4. Ce n'est pas possible ! Le réfrigérateur est vide ! ....

5. Un peu de vin avec le fromage ? ....

6. Occupé ! ....

7. Allez, pose ton livre, c'est l'heure de dormir. Bonne nuit, mon chéri ! ....

8. Il y a des mails pour toi, viens voir ! ....

❷

Associez les éléments des deux colonnes. (Plusieurs combinaisons sont possibles.)

1. agrandir	**a.** le/du parquet
2. poser	**b.** les murs
3. tapisser	**c.** la/de la moquette
4. changer	**d.** l'électricité
5. refaire	**e.** le/du carrelage
6. repeindre	**f.** le/du papier peint
	g. une pièce

Du côté de la **GRAMMAIRE**

› *Servir à/de*

❸

Complétez avec *à* ou *de*.

1. La cabane dans le jardin sert .... ranger les outils.

2. L'ancienne salle à manger sert .... bureau.

3. Ce placard sert .... mettre la vaisselle.

4. L'entrée sert .... espace jeux pour les enfants.

5. Le canapé sert .... lit pour les invités.

6. Mon ordinateur sert surtout .... regarder des DVD.

› Les marqueurs temporels *il y a* et *depuis*

❹

Complétez les messages avec *il y a* ou *depuis*.

1. Moi, je suis cliente chez Mobiprix .... sa création !

2. J'ai acheté tous mes meubles chez Mobiprix .... trois semaines et je suis ravie !

3. Mobiprix fait des promotions exceptionnelles .... lundi.

4. Mobiprix est le n° 1 du meuble .... cinq ans.

5. La chaîne des magasins Mobiprix a ouvert un nouveau magasin dans la région .... deux mois.

6. Moi, j'ai découvert les magasins Mobiprix .... deux jours, et je dis bravo pour les prix !

❺

Compétez le mail suivant avec *il y a* ou *depuis*.

Madame, Monsieur,

Je viens régulièrement dans votre magasin pour mes achats d'électroménager .... plusieurs années. .... une semaine, j'ai acheté un réfrigérateur à 320 € dans votre magasin de Nice. Mais, ... deux jours, j'ai vu le même modèle dans un autre magasin, 10 % moins cher ! Je vous demande donc...

› L'imparfait, le passé composé et le présent

❻

Complétez ces témoignages : mettez les verbes entre parenthèses au temps qui convient.

1. Avant, je .... *(adorer)* le mobilier ancien mais un jour, j'en ....
   (avoir) assez et je .... *(décider)* de tout changer. À présent, je ....
   (avoir) des meubles ultramodernes !

2. Maintenant je .... *(travailler)* chez moi et tout .... *(aller)* bien,
   l'année dernière, je .... *(faire)* 100 km par jour pour aller au bureau.
   Je .... *(être)* épuisée ! Heureusement, on me .... *(proposer)*
   ce travail à domicile et cela .... *(changer)* ma vie !

3. Il y a deux ans encore, nous .... *(habiter)* à Paris et notre fils ....
   (être) toujours malade à cause de la pollution. Quand mon mari .... *(obtenir)* un poste
   en province, nous .... *(quitter)* la région parisienne. À présent nous
   .... *(être)* installés près de Grenoble, et on .... *(respirer)* l'air pur !

4. Depuis mon divorce, je .... *(vivre)* seule, mais mon fils me ....
   (offrir) un petit chien et ma vie .... *(se transformer)* : grâce à lui, je ne
   .... *(être)* plus déprimée.

Du côté de la COMMUNICATION

› Raconter un changement

❼

a) Classez les éléments suivants du témoignage d'un ex-fumeur dans les trois catégories ci-dessous.

a. Je *(ne plus avoir)* envie de fumer.

b. Il me *(indiquer)* une nouvelle méthode pour arrêter.

c. Mais je *(ne pas arriver)* à arrêter de fumer.

d. Et je *(être)* heureux !

e. Je *(essayer)* et je *(réussir)*.

f. Je *(fumer)* deux paquets par jour.

g. Je *(aller)* voir le docteur Morand.

h. Je *(ne pas se sentir)* bien.

1. La situation avant : n° ....

2. Les actions/événements qui sont à l'origine du changement : n° ....

3. La situation actuelle : n° ....

b) Rédigez le témoignage et conjuguez les verbes entre parenthèses au présent, à l'imparfait ou au passé composé, selon l'information donnée.

En 2010, ...

....

Mais un jour, ...

....

Maintenant, ...

....

En situation

› Relogement

❽ 28

Écoutez l'enregistrement puis cochez les réponses correctes.

1. C'est une conversation entre :

☐ **a.** le maire et un habitant d'une ville de banlieue.

☐ **b.** un journaliste et un habitant d'une ville de banlieue.

☐ **c.** deux habitants d'une ville de banlieue.

2. L'immeuble où habitait la famille Gomez jusqu'en 2010 :

☐ **a.** n'existe plus.

☐ **b.** existe encore.

☐ **c.** est refait à neuf.

3. L'appartement actuel des Gomez est :

☐ **a.** au 3e étage.

☐ **b.** au rez-de-chaussée.

☐ **c.** au 10e étage.

4. L'appartement actuel a une surface de :

☐ **a.** 55 m².

☐ **b.** 60 m².

☐ **c.** 70 m².

› Le Grand Louvre

9

Lisez l'article de presse suivant puis complétez la fiche sur l'historique du Grand Louvre.

Au début des années 1980, le palais du Louvre abritait le ministère des Finances ainsi que le musée du Louvre. Dans la cour centrale, dite cour Napoléon, se trouvait un petit square fréquenté par les seuls habitués du quartier. À l'intérieur du musée, les salles étaient sombres, l'entrée trop petite, les collections mal présentées… Le tout avait besoin d'un bon « relooking ». En 1981,

c'est François Mitterrand, alors président de la République, qui a lancé le projet du Grand Louvre avec comme élément majeur de cette rénovation la Pyramide imaginée par l'architecte américain d'origine chinoise, Ming Pei. Inaugurée* en 1989, cette construction de verre et d'acier au centre de la cour Napoléon est devenue un des symboles majeurs du musée.

À présent, le musée occupe l'ensemble du palais du Louvre ; les visiteurs entrent par la Pyramide et l'accès au musée se fait au sous-sol dans une galerie où se trouvent aussi de nombreux services : restaurants, librairies, boutiques.

* Inaugurer un monument : déclarer un monument « ouvert au public » à l'occasion d'une cérémonie officielle.

Avant ...., le palais du Louvre avait deux « locataires » : le musée du même nom et

.... En ...., le nouveau président de la République de l'époque,

........................., a eu l'idée d'un vaste plan de modernisation du Louvre, appelé le projet

du .... En ...., on a inauguré la ...., œuvre

de .... Cet ouvrage moderne se trouve au centre de ...., là où

il n'y avait autrefois qu'un .... Actuellement, on entre par .... et

l'entrée du musée se trouve ...., dans la galerie marchande.

› Jour de chance

10 ①

Le gagnant du gros lot témoigne : il décrit sa vie avant le billet de Loto, explique les événements qui ont fait de lui un millionnaire puis décrit sa vie actuelle. Imaginez le texte de la publicité.

HISTOIRE D'UN HOMME CHANCEUX

Le Loto a changé la vie de Martial Sollers, 33 ans, marié, deux enfants !

Avant, je…

Mais un jour, …

Maintenant, …

À demain pour valider vos grilles du Loto !

Du côté du **LEXIQUE**

› Le logement

❶

Complétez le mail avec les mots suivants.

loyer – cour – étage – immeuble – cuisine – appartement – ascenseur – chauffage – louer – charges –
refait – trois pièces – salle de bains

◯ ◯ ◯　　　　　　　　　　　　　✉

✉ Envoyer maintenant　🔀　🖨　✎ ▾　🗑　📎　✒ ▾　📋 Options ▾　🔀　🎞 Insérer ▾　≣ Catégories ▾

De :　immo.centre.com　　　　　　　　　　　　　　　⬍

À :　👤 colino@aol.com

Madame,

En réponse à votre demande d'appartement à ...., je peux vous proposer

un .... dans un .... ancien qui donne sur

une .... Le .... est de 700 € ....

comprises. Le .... est situé au 4ᵉ .... avec

.... Il a été .... à neuf, et il a une ....

équipée et une belle .... Il y a un .... électrique.

Si vous êtes intéressée, téléphonez-moi et vous pourrez le visiter.

Cordiales salutations,

Vincent Garbet,
Directeur de l'agence Immo-centre

---

❷

À l'aide des réactions des visiteurs, caractérisez les appartements avec les expressions suivantes.

lumineux – meublé – orienté au nord – petit – sombre – rénové – bruyant – en mauvais état – calme

Exemple : Alors, le soleil ne rentre jamais ! → L'appartement est **orienté au nord***.*

1. Mais on ne voit rien ! → L'appartement est ....

2. Quel silence ! → L'appartement est ....

3. Tout est à refaire ! → L'appartement est ....

4. Même avec les fenêtres fermées, on ne s'entend pas ! → L'appartement est ....

5. Il y a tout, chaises, lits, tables, rangements ! → L'appartement est ....

6. Il n'y a vraiment pas beaucoup de place ! → L'appartement est ....

7. Quelle lumière ! → L'appartement est ....

8. Quelle bonne surprise ! Je croyais que l'appartement était à refaire ! → L'appartement est ....

❸

Associez définitions, noms et dessins.

1. Le matériau utilisé pour sa construction n'aime pas la chaleur.
2. Les enfants en construisent souvent des petites mais on peut en habiter de grandes à plusieurs mètres du sol.
3. On peut démonter cet habitat exotique de forme ronde pour le transporter.
4. On peut installer très rapidement ses nouveaux modèles.
5. Son « moteur » pour se déplacer était traditionnellement un cheval.
6. Pour des personnes qui aiment vivre en sous-sol !

a. une tente
b. une roulotte
c. un habitat troglodyte
d. un igloo
e. une cabane
f. une yourte

1. 2. 3. 4. 5. 6.

Définitions	1	2	3	4	5	6
Noms						
Dessins						

Du côté de la GRAMMAIRE

› Indiquer une évolution

❹

Observez les courbes et formulez les évolutions. Utilisez *de plus en plus (de)*, *de moins en moins (de)*.

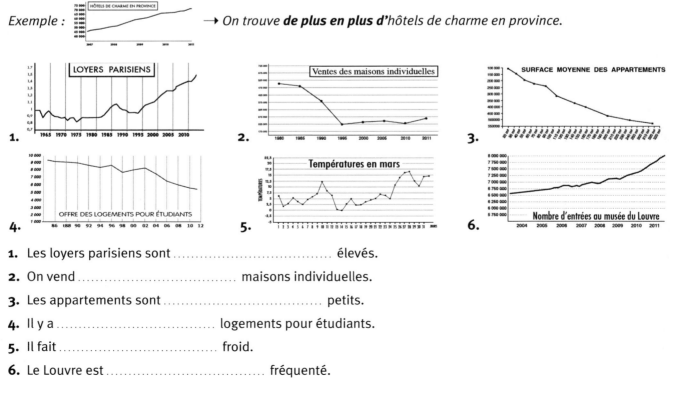

Exemple : → *On trouve **de plus en plus d'**hôtels de charme en province.*

1. Les loyers parisiens sont .... élevés.

2. On vend .... maisons individuelles.

3. Les appartements sont .... petits.

4. Il y a .... logements pour étudiants.

5. Il fait .... froid.

6. Le Louvre est .... fréquenté.

Du côté de la **COMMUNICATION**

› Caractériser un logement

❺

Reformulez la petite annonce, comme dans l'exemple.

Exemple : Strasbourg centre : part. loue un appt
→ Particulier loue dans le centre de Strasbourg
un appartement.

> Réf. L0845627
>
> STRASBOURG CENTRE
> Part loue 3p. rft à nf, cuis. éq.,
> prqt ds séj., chfge. électr. ind.,
> 71 m² orient. sud-ouest
> 3e ét. ds imm. réc. avec asc., dig.
>
> 750 € CC

Particulier loue dans le centre de Strasbourg un appartement ....

....

....

....

› S'informer/Informer sur un logement

❻

Associez les questions et les réponses.

1. L'immeuble est sécurisé ?
2. L'appartement fait quelle surface ?
3. Il est orienté comment ?
4. Il est en bon état ?
5. Il y a des toilettes séparées ?
6. Est-ce que la cuisine est équipée ?
7. Il y a des espaces pour le rangement ?
8. Le loyer mensuel est bien de 750 € ?

a. Oui, il faut simplement repeindre le séjour.

b. Vous avez deux placards : un petit dans l'entrée et un très grand dans la chambre.

c. Non, elles se trouvent dans la salle de bains.

d. 49 m² + 3 m² de balcon.

e. Il y a un four, quatre plaques et un réfrigérateur. Il n'y a pas de lave-vaisselle.

f. Oui, mais il faut compter en plus 90 € de charges par mois.

g. Oui, on a placé un digicode et un interphone à l'entrée.

h. Au sud-ouest, on a le soleil tout l'après-midi dans le séjour.

En situation

› Logement en ville

❼

Écoutez la conversation téléphonique puis rédigez la petite annonce correspondante sur une feuille séparée.

> RENNES
>
> PARTICULIER LOUE...

› **Évasion**

8 📖

Vrai ou faux ? Lisez ce texte publicitaire puis cochez les phrases correctes.

EN PLEINE NATURE

**Vous rêvez de vacances vraiment différentes ?
Natura vous propose des locations originales
à la semaine ou au mois.**

Aux citadins qui rêvent d'un univers sans voitures, nous proposons de vivre et de se déplacer en roulotte à cheval pour découvrir les petits chemins[1] de la campagne bourguignonne[2].

Ces logements nomades peuvent héberger de quatre à six personnes, ils sont équipés de lits confortables et disposent d'un coin cuisine.

Si vous aimez la montagne, boire un bon lait chaud après une journée de ski intense, nos chalets (six personnes, trois chambres) sont l'hébergement idéal. Avec leurs allures de chalets suisses, ces locations de vacances situées dans les environs d'Annecy répondront aux attentes des amateurs de grands espaces, d'air pur et de confort.

Si vous préférez embarquer pour l'aventure et l'exotisme dans un grand domaine à deux pas de l'océan Atlantique, nous mettons à votre disposition des yourtes pour deux personnes avec un lit double, un coin cuisine individuel équipé (réfrigérateur et plaque deux feux) ainsi que des petites yourtes pour enfants à proximité.

---

1. *Chemin* : petite route.
2. *Bourguignonne* : de la Bourgogne (région située au nord de Lyon).

❏ **1.** Natura loue des logements avec tout le confort pour vacanciers.
❏ **2.** Natura propose des chalets, des yourtes, des cabanes et des roulottes.
❏ **3.** Ces différents logements sont tous faits pour six personnes.
❏ **4.** On peut circuler en roulotte par les petites routes de campagne.
❏ **5.** Les chalets se trouvent en Suisse.
❏ **6.** Natura propose des yourtes pour adultes et d'autres pour enfants.

9 🕐

Vous avez séjourné en famille ou avec des amis dans un des trois logements évoqués dans le texte précédent. Sur une feuille séparée, racontez les conditions de votre séjour à un(e) ami(e). Précisez les caractéristiques de ce logement, vos impressions.

Salut, Yvan !

Nous sommes actuellement...

Nous avons loué...

C'est une expérience inoubliable : ...

À bientôt !

Du côté du **LEXIQUE**

❯ Vivre en colocation

❶

Associez les éléments des deux colonnes. (Plusieurs combinaisons sont possibles.)

1. respecter	**a.** les tâches
2. répartir	**b.** les conflits
3. privilégier	**c.** le rythme de sommeil de chacun
4. éviter	**d.** l'occupation des points stratégiques
5. planifier	**e.** le règlement interne
6. fixer	**f.** la communication

Du côté de la **GRAMMAIRE**

❯ Les pronoms COD et COI

❷

Reformulez chaque phrase. Utilisez les pronoms COD *le, la, l', les* ou les pronoms COI *lui, leur*.

Exemple : Moi, quand un candidat se présente, je fais d'abord visiter l'appartement <u>au candidat</u>.
    *→ Moi, je **lui** fais d'abord visiter l'appartement.*

COMMENT SÉLECTIONNER VOTRE COLOCATAIRE ?

❶ Nous, si on a trois candidats intéressants, on donne RDV <u>à ces candidats</u> et on pose des questions <u>à ces candidats</u>.

....

....

❷ Moi, j'interroge <u>les candidats</u> sur leurs goûts musicaux et leurs habitudes de ménage.

....

....

❸ Moi, quand une candidate a l'air correct, je demande à <u>cette candidate</u> de passer à l'appartement, j'observe <u>cette candidate</u> et je laisse parler <u>cette candidate</u>.

....

....

....

....

❹ Moi, je donne RDV <u>à mon candidat</u> et je fais remplir un questionnaire <u>au candidat</u>.

....

....

❺ Nous, on propose <u>au candidat</u> de passer quelques jours dans l'appartement.

....

....

❻ Nous, quand on hésite entre deux candidats, on invite <u>les deux candidats</u> à prendre l'apéritif.

....

....

❸

Complétez avec les pronoms COD ou COI qui conviennent.

Relations internationales

1. J'ai une amie française, elle s'appelle Charlotte. Je .... connais depuis longtemps. Je ....
téléphone souvent et je .... écris une ou deux fois par an. Quand je vais en France, je ....
vois avec plaisir, je .... donne rendez-vous dans un café ou je .... invite au restaurant.

2.

> Cher Diego,
>
> Je suis aux États-Unis depuis deux mois. J'habite chez des amis de mes
> parents, M. et Mme Douglas. Ils .... ont proposé de vivre avec
> eux, et je .... rends quelques petits services en échange.
>
> Ils sont très gentils, je .... adore ! Mes parents ....
> connaissent bien et ils vont .... accueillir dans notre maison
> de Normandie pendant les prochaines vacances.
>
> Je .... embrasse.
>
> Marion

› Exprimer des règles

❹

a) Cochez les recommandations qui ne vous semblent pas adaptées à la situation et transformez-les en interdictions. Utilisez *il ne faut pas/vous ne devez pas* + infinitif.

Pendant un examen

❑ **1.** N'utilisez pas les téléphones portables.
❑ **2.** On ne doit pas consulter de documents.
❑ **3.** N'hésitez pas à parler à votre voisin.
❑ **4.** Évitez d'écrire sur les tables.
❑ **5.** N'hésitez pas à sortir de la salle sans autorisation.
❑ **6.** N'oubliez pas de rendre votre copie en retard.

....
....
....

b) Cochez les interdictions qui ne vous semblent pas adaptées à la situation et transformez-les en recommandations. Utilisez *il faut/n'oubliez pas de/n'hésitez pas à* + infinitif.

Quand vous conduisez

❑ **1.** Il ne faut pas attacher sa ceinture de sécurité.
❑ **2.** Ne buvez pas d'alcool.
❑ **3.** Vous ne devez pas vous reposer cinq minutes toutes les deux heures.
❑ **4.** On ne doit pas dépasser la vitesse autorisée.
❑ **5.** Ne respectez pas les panneaux de sens interdit.
❑ **6.** En France, il ne faut pas rouler à droite.

....
....
....
....

Du côté de la **COMMUNICATION**

› **Exprimer des interdictions**

❺

Dites où vous pouvez voir les messages suivants. Puis reformulez la règle comme dans l'exemple.

Ex. : Défense de parler au conducteur. → *Dans le bus. Les passagers ne doivent pas parler au conducteur.*

1. Interdit aux moins de seize ans.

....

2. Reproduction interdite.

....

3. Stationnement interdit.

....

4. Défense de photographier.

....

5. Défense de déposer.

....

6. Défense d'afficher.

....

❻

Exprimez des recommandations et/ou des interdictions à l'aide des verbes suivants.

fumer – parler fort – porter une tenue correcte – rester debout – téléphoner – prendre des photos

1. Dans une station-service : ....

2. Dans un avion : ....

3. Dans une église : ....

4. Dans un tribunal : ....

En situation

› **Règlement**

❼

Un employé rappelle le règlement de la bibliothèque de l'école. Écoutez l'enregistrement et identifiez le thème de chaque extrait.

a. la propreté des lieux	**b.** la conservation des livres	**c.** les dates de prêt	**d.** la tranquillité des usagers
extrait n°	extrait n°	extrait n°	extrait n° ....

› Colocation

8

Vrai ou faux ? Lisez l'article et cochez les phrases correctes.

UN PHÉNOMÈNE DE SOCIÉTÉ

Popularisée par des films et des séries de télévision, la colocation devient un véritable phénomène de société. Un Français sur cinq choisit aujourd'hui de vivre à plusieurs. Cela concerne les étudiants mais aussi les salariés qui se trouvent face à des loyers en constante augmentation. En réponse à ces difficultés financières, les propriétaires sont de plus en plus nombreux à accepter de louer à « plusieurs têtes », à condition qu'on ne dépasse pas deux ou trois personnes. Mais les candidats à la colocation ne sont pas motivés uniquement par des raisons financières : le goût pour ce nouveau mode de logement correspond aussi à la peur de la solitude et au désir de partager une expérience de vie avec d'autres. La démographe Denise Arbonville déclare : « Maintenant, on vit longtemps chez ses parents ou tout seul, trop seul, ce qui explique aussi l'intérêt pour la colocation, ce mode de vie qui permet à des adultes de revivre ensemble. »

Michel Fize, sociologue au CNRS*, constate, de son côté, que la vie en colocation paraît simple mais impose des règles, « une discipline communautaire plus sévère que pour un couple homme-femme, par exemple, parce que, dans ce cas, ce sont des habitudes sociales qui décident de la répartition des tâches ». La colocation repose sur le partage des tâches : le paiement du loyer, les courses et le ménage doivent être uniformément répartis. La difficulté, c'est que ce partage communautaire ne s'improvise pas, il s'apprend et en général ce n'est qu'à la deuxième ou troisième colocation, qu'on devient un bon colocataire.

* CNRS : Centre national de recherche scientifique.

☐ **1.** Actuellement, 20 % des Français vivent en colocation.

☐ **2.** La colocation intéresse les étudiants et aussi les actifs.

☐ **3.** Les propriétaires préfèrent n'avoir que deux ou trois colocataires dans leur appartement.

☐ **4.** Les colocataires choisissent de vivre ensemble uniquement pour dépenser moins d'argent.

☐ **5.** La répartition des tâches entre colocataires est plus difficile qu'à l'intérieur d'un couple.

☐ **6.** L'apprentissage de la vie communautaire se fait spontanément.

9

a) Lisez la petite annonce suivante.

COLOCATION

Benoît, Grégory, Clément n° H058046

Ville : Montpellier   Loyer : 270 € par mois et par personne

Rue : Felix Sahut   Disponible fin septembre

Infos perso : Benoît, 20 ans, étudiant non-fumeur
Grégory, 25 ans, salarié, non-fumeur
Clément, 21 ans, étudiant, non-fumeur

Nous sommes trois copains qui nous entendons bien et nous cherchons une quatrième personne pour partager notre grand cinq pièces. Alors, fille ou garçon, non-fumeur, on attend votre candidature !
Animal (chat ou petit chien) accepté.

b) Vous avez été choisi(e) pour être le/la 4e colocataire. Vous venez de vous installer dans l'appartement. Sur une feuille séparée, vous écrivez une lettre à un(e) ami(e) pour lui parler de votre nouveau logement.

– Vous donnez des précisions sur les caractéristiques de l'appartement, de votre chambre.

– Vous parlez de vos relations avec les trois autres colocataires.

– Vous invitez votre ami(e) à venir vous voir.

PORTFOLIO

Portfolio — Dossier 0

	À l'oral		À l'écrit	
	Acquis +	En cours d'acquisition +/−	Acquis +	En cours d'acquisition +/−
Je peux comprendre				
– quand quelqu'un se présente (nom, prénom, nationalité)	◯	◯		
– quand quelqu'un me demande mon nom	◯	◯		
– quand quelqu'un me demande mon prénom	◯	◯		
– quand quelqu'un me demande quelle langue je parle	◯	◯		
– quand quelqu'un me demande ma nationalité	◯	◯		
– quand quelqu'un épelle un mot, son nom	◯	◯		
– quand quelqu'un indique le nom d'un pays	◯	◯		
– quand quelqu'un indique quelle langue il parle, sa nationalité	◯	◯		
– quand quelqu'un indique un nombre	◯	◯	◯	◯
Pour m'exprimer et interagir, je peux				
– me présenter très simplement (nom, prénom, nationalité)	◯	◯	◯	◯
– épeler mon prénom et mon nom	◯	◯		
– indiquer quelle langue je parle et quel est mon pays	◯	◯		
– dire un nombre	◯	◯		
– noter un nombre			◯	◯
– interagir en classe	◯	◯		

	À l'oral		À l'écrit	
	Acquis +	En cours d'acquisition +/−	Acquis +	En cours d'acquisition +/−
Je peux comprendre				
– quand quelqu'un me salue ou prend congé	○	○		
– le type de relation entre des personnes (formelle ou informelle) qui se saluent	○	○		
– quand quelqu'un me demande mon âge	○	○		
– quand quelqu'un indique un jour de la semaine	○	○		
– l'essentiel de la page d'accueil d'un réseau social sur Internet			○	○
– quand quelqu'un se présente (identité, âge, nationalité, activités/études)			○	○
– quand quelqu'un indique son âge	○	○	○	○
– un formulaire (d'inscription par exemple)			○	○
– des demandes d'informations simples	○	○		
– des informations sur une carte de visite			○	○
– quand quelqu'un indique sa date de naissance, ses coordonnées	○	○	○	○
– quand quelqu'un me demande mon adresse ou mon adresse électronique	○	○		
– quand quelqu'un me demande mon numéro de téléphone	○	○		
– un numéro de téléphone français	○	○	○	○
– un court document écrit très courant (publicité, annonce, bulletin de participation)			○	○
– un échange simple sur un sujet familier	○	○		
– quand quelqu'un indique sa profession	○	○		
– quand quelqu'un indique sa ville/son pays de naissance ou de domicile	○	○		
– quand quelqu'un exprime sa passion, son rêve	○	○		
– quand quelqu'un me demande quel est mon pays de naissance/de domicile	○	○		
– des informations simples sur la France et l'Europe			○	○
Pour m'exprimer et interagir, je peux				
– saluer et prendre congé de façon formelle et informelle	○	○		
– indiquer mon âge	○	○	○	○
– indiquer mes activités, mes études	○	○	○	○
– indiquer le moment de la journée, le jour de la semaine	○	○	○	○
– questionner de façon simple	○	○	○	
– demander poliment	○	○		
– demander le prix de quelque chose	○	○		
– indiquer mes coordonnées (mon adresse, mon adresse électronique et mes numéros de téléphone)	○	○	○	○
– indiquer ma date d'anniversaire/de naissance	○	○	○	○
– remplir un formulaire			○	○
– indiquer ma ville et mon pays de naissance ou de domicile	○	○		
– donner des informations personnelles simples	○	○		
– exprimer un rêve, une passion	○	○		
– indiquer mes goûts simplement	○	○		
– identifier/échanger sur les symboles associés à certains pays d'Europe	○	○		

	À l'oral		À l'écrit	
	Acquis **+**	En cours d'acquisition **+/−**	Acquis **+**	En cours d'acquisition **+/−**

Je peux comprendre

	À l'oral Acquis +	À l'oral En cours +/−	À l'écrit Acquis +	À l'écrit En cours +/−
– un document simple sur les lieux de la ville (affiche, dépliant touristique, page de magazine municipal)			○	○
– un micro-trottoir sur un sujet familier	○	○		
– quand quelqu'un parle de sa ville, d'un lieu dans la ville	○	○		
– quand quelqu'un explique pourquoi il aime un lieu	○	○		
– quand quelqu'un localise un lieu dans la ville de façon simple	○	○	○	○
– une fiche descriptive simple sur un hébergement			○	○
– un mail amical informatif simple			○	○
– une demande de renseignements pour une réservation d'hébergement (date, horaires, équipements, conditions de réservation, tarif...)	○	○		
– un court échange téléphonique	○	○		
– l'indication d'un itinéraire	○	○	○	○
– une correspondance amicale/familiale			○	○
– des informations simples sur un lieu de vacances			○	○
– des informations météo simples			○	○
– quand quelqu'un exprime ses impressions sur un lieu			○	○
– quand quelqu'un donne des informations simples sur ses activités de vacances			○	○
– un avis de lettre recommandée			○	○
– un court message sur un répondeur téléphonique	○	○		
– des informations simples sur Paris			○	○

Pour m'exprimer et interagir, je peux

	À l'oral Acquis +	À l'oral En cours +/−	À l'écrit Acquis +	À l'écrit En cours +/−
– nommer un lieu dans la ville	○	○		
– localiser simplement un lieu dans la ville	○	○		
– dire quel lieu m'intéresse et justifier en quelques mots	○	○		
– m'informer pour réserver un hébergement	○	○	○	○
– remercier, réagir, m'exprimer avec politesse	○	○		
– donner des informations sur un hébergement	○	○	○	○
– indiquer ma préférence pour le choix d'un hébergement et justifier en quelques mots	○	○		
– indiquer de façon simple un itinéraire/une direction	○	○	○	○
– indiquer un mode de déplacement	○	○		
– rédiger une carte postale			○	○
– rédiger une adresse en France			○	○
– citer un lieu dans un message et donner de courtes informations sur ce lieu			○	○
– dire simplement mes impressions sur un lieu			○	○
– donner des informations simples sur la météo			○	○
– indiquer le pays de provenance ou de destination	○	○	○	○
– dire quels lieux je voudrais visiter à Paris	○	○		

	À l'oral		À l'écrit	
	Acquis +	**En cours d'acquisition** +/−	**Acquis** +	**En cours d'acquisition** +/−
Je peux comprendre				
– une annonce simple d'une chaîne de télévision pour des castings d'émissions			○	○
– une fiche de candidature pour participer à un casting			○	○
– quand quelqu'un indique ses goûts et son mode de vie			○	○
– quand quelqu'un donne des informations sur ses activités sportives/ de loisirs			○	○
– les résultats d'une enquête sur un sujet familier	○	○	○	○
– quand quelqu'un parle simplement de sa profession	○	○	○	○
– une affiche simple annonçant un événement			○	○
– des annonces où une personne se présente			○	○
– quand quelqu'un se décrit physiquement			○	○
– quand quelqu'un parle de son caractère, cite des qualités et des défauts			○	○
– quand quelqu'un parle de ses goûts et centres d'intérêt	○	○	○	○
– une conversation informelle dans laquelle des personnes font connaissance	○	○		
– quand quelqu'un présente les personnes de sa famille sur une photo	○	○		
– un arbre généalogique			○	○
– des faire-part d'événements familiaux			○	○
– quand quelqu'un annonce un événement familial	○	○	○	○
– quand quelqu'un réagit à un événement familial	○	○	○	○
– quand quelqu'un demande/donne des nouvelles de quelqu'un	○	○	○	○
– quand quelqu'un parle de sa santé	○	○		
– des affiches de salons de loisirs			○	○
– des statistiques sur les loisirs des Français			○	○
Pour m'exprimer et interagir, je peux				
– exprimer mes goûts	○	○	○	○
– parler de mes activités sportives/de loisirs	○	○	○	○
– expliquer simplement mon mode de vie	○	○	○	○
– dire ma profession et parler simplement de mes activités professionnelles	○	○	○	○
– comparer simplement les résultats d'un sondage (points communs et différences)	○	○		
– caractériser une personne physiquement (silhouette)	○	○	○	○
– caractériser une personne psychologiquement (qualités et défauts)	○	○	○	○
– parler de mes goûts et centres d'intérêt	○	○	○	○
– me décrire physiquement	○	○	○	○
– parler de mon caractère, de mes qualités et de mes défauts	○	○	○	○
– rédiger une annonce de présentation d'une personne pour un site de rencontre			○	○
– me présenter et échanger pendant un speed-dating	○	○		
– présenter ma famille	○	○	○	○
– annoncer un événement familial	○	○	○	○
– réagir à l'annonce d'un événement familial	○	○	○	○
– demander des nouvelles de quelqu'un	○	○	○	○
– donner des nouvelles de quelqu'un	○	○	○	○
– exprimer une douleur physique	○	○	○	○
– indiquer quels loisirs de plein air sont populaires dans mon pays	○	○		
– échanger avec mes pairs sur nos loisirs préférés	○	○		

	À l'oral		À l'écrit	
	Acquis +	En cours d'acquisition +/−	Acquis +	En cours d'acquisition +/−
Je peux comprendre				
– des panneaux indiquant les horaires dans des magasins ou lieux publics			○	○
– quand quelqu'un demande/indique l'heure et les horaires	○	○	○	○
– les jours et horaires d'ouverture et de fermeture des lieux publics	○	○	○	○
– quand quelqu'un exprime une obligation	○	○		
– des témoignages dans un article de magazine			○	○
– quand quelqu'un parle de ses habitudes quotidiennes, de son rythme de vie			○	○
– quand quelqu'un parle de son utilisation d'Internet et de la télévision			○	○
– un programme de télévision			○	○
– des informations personnelles données dans des témoignages et les mettre en relation avec des données statistiques	○	○	○	○
– une conversation amicale simple	○	○		
– une page d'agenda numérique (Smartphone)			○	○
– un échange de textos			○	○
– une proposition de sortie	○	○	○	○
– quand quelqu'un accepte ou refuse une invitation, fixe un rendez-vous	○	○	○	○
– des messages d'invitation (mail et manuscrit)			○	○
– quand quelqu'un propose de l'aide			○	○
– quand quelqu'un donne des instructions simples			○	○
– quand quelqu'un parle de projets			○	○
– quand quelqu'un parle de son emploi du temps habituel			○	○
– quand quelqu'un exprime l'habitude, la régularité, la fréquence d'une action			○	○
– une page de journal intime			○	○
– quand quelqu'un rapporte les événements ponctuels d'une journée passée			○	○
– quand quelqu'un indique un moment spécifique dans une journée			○	○
– une chanson sur la vie quotidienne d'un couple	○	○		
– des statistiques simples sur la vie quotidienne			○	○
– des témoignages dans un article de magazine sur la vie en famille/ en couple			○	○
Pour m'exprimer et interagir, je peux				
– demander/dire l'heure	○	○	○	○
– demander/indiquer des horaires d'ouverture et de fermeture de lieux publics	○	○	○	○
– exprimer une obligation	○	○		
– expliquer mon rythme de vie	○	○	○	○
– témoigner pour un magazine sur mes goûts et habitudes concernant la télévision et Internet			○	○
– raconter les actions d'une journée habituelle	○	○	○	○
– proposer une sortie	○	○	○	○
– accepter/refuser une proposition de sortie	○	○	○	○
– exprimer la volonté/le désir	○	○	○	○
– exprimer la possibilité/l'impossibilité et la disponibilité	○	○	○	○
– fixer un rendez-vous (heure, date, lieu)	○	○	○	○
– donner des instructions simples	○	○	○	○
– parler de projets	○	○	○	○
– écrire un mail/message d'invitation			○	○

Dossier 4

	À l'oral		À l'écrit	
	Acquis	**En cours d'acquisition**	**Acquis**	**En cours d'acquisition**
	+	**+/−**	**+**	**+/−**
– raconter une journée habituelle	○	○	○	○
– informer sur mon emploi du temps	○	○	○	○
– indiquer un moment spécifique	○	○	○	○
– comparer des rythmes de vie	○	○		
– rapporter des événements ponctuels d'une journée passée	○	○	○	○
– dire quelle tâche ménagère j'aime ou je n'aime pas	○	○		
– témoigner sur le partage des tâches dans ma famille	○	○		

	À l'oral		À l'écrit	
	Acquis +	**En cours d'acquisition** +/−	**Acquis** +	**En cours d'acquisition** +/−
Je peux comprendre				
– un questionnaire d'enquête sur un sujet familier			○	○
– quand quelqu'un pose des questions sur un sujet familier	○	○		
– quand quelqu'un cite des dates de fêtes/de jours fériés	○	○		
– des témoignages sur des rituels de fêtes	○	○	○	○
– quand quelqu'un donne des infos simples sur lui-même sur le site d'un réseau social	○	○		
– quand quelqu'un interagit au téléphone	○	○		
– quand quelqu'un parle de ses activités à venir	○	○		
– des conseils de voyages sur un site et un forum Internet			○	○
– un article sur des célébrités			○	○
– l'évocation de faits passés	○	○	○	○
– des informations simples sur la biographie de quelqu'un	○	○	○	○
– la description physique d'une personne	○	○	○	○
– quand quelqu'un évoque des ressemblances physiques	○	○	○	○
– la présentation simple d'un livre sur une quatrième de couverture			○	○
Pour m'exprimer et interagir, je peux				
– interroger quelqu'un	○	○	○	○
– informer sur/décrire une fête (activités, date, lieu)	○	○	○	○
– rédiger un questionnaire simple			○	○
– comparer simplement des situations (ici et ailleurs)	○	○	○	○
– appeler/répondre au téléphone	○	○		
– parler d'activités/d'événements récents et de projets immédiats	○	○	○	○
– annoncer un événement dans le cadre d'une conversation amicale	○	○		
– publier une demande de conseil sur un forum Internet			○	○
– donner des conseils simples sur un forum Internet			○	○
– évoquer des événements passés	○	○	○	○
– parler des événements importants de la vie de quelqu'un	○	○	○	○
– décrire quelqu'un physiquement	○	○	○	○
– évoquer des ressemblances physiques	○	○	○	○
– parler de célébrités de mon pays	○	○	○	○
– présenter des artistes (chanson ou cinéma) très connus dans mon pays	○	○	○	○

Je peux comprendre

	À l'oral Acquis +	À l'oral En cours d'acquisition +/−	À l'écrit Acquis +	À l'écrit En cours d'acquisition +/−
– une affiche d'exposition			○	○
– une courte interview	○	○		
– quand quelqu'un parle de perceptions/sensations	○	○		
– quand quelqu'un exprime des sentiments	○	○		
– une page Internet qui présente le climat d'une ville (le temps, les saisons et les températures)			○	○
– quand quelqu'un situe des événements dans l'année			○	○
– un extrait de brochure touristique			○	○
– des indications sur la localisation géographique	○	○	○	○
– la description simple d'un lieu géographique	○	○	○	○
– quand quelqu'un parle d'activités de plein air	○	○	○	○
– une page de magazine touristique sur une ville	○	○	○	○
– des informations touristiques sur les lieux et les activités	○	○	○	○
– des suggestions et conseils d'activités dans un programme de visite touristique			○	○
– une lettre de vacances			○	○
– quand quelqu'un parle de ce qu'il est en train de faire	○	○	○	○
– des chansons francophones sur le thème des saisons et des sentiments qu'elles inspirent	○	○	○	○
– des métaphores (images poétiques) simples	○	○	○	○

Pour m'exprimer et interagir, je peux

	À l'oral Acquis +	À l'oral En cours d'acquisition +/−	À l'écrit Acquis +	À l'écrit En cours d'acquisition +/−
– parler des saisons et de ma saison préférée	○	○	○	○
– prendre des notes à partir d'un document audio			○	○
– parler de mes sensations	○	○		
– exprimer des sentiments et des émotions	○	○		
– parler du temps qu'il fait/a fait	○	○	○	○
– situer un événement dans l'année	○	○	○	○
– informer sur le climat de mon pays/ma région			○	○
– situer un lieu géographique	○	○	○	○
– présenter et caractériser un lieu géographique	○	○	○	○
– parler de mes activités et sports de plein air	○	○	○	○
– rédiger une courte page de brochure touristique			○	○
– m'informer sur/conseiller des activités touristiques/culturelles	○	○		
– rédiger un programme de visite			○	○
– parler de mes activités touristiques et de mes loisirs culturels	○	○	○	○
– dire ce que je suis en train de faire	○	○	○	○
– écrire une courte lettre de vacances			○	○
– rédiger un court texte poétique sur une ville			○	○

Je peux comprendre	À l'oral		À l'écrit	
	Acquis +	En cours d'acquisition +/−	Acquis +	En cours d'acquisition +/−
– des affiches sur la consommation alimentaire			○	○
– quand quelqu'un nomme des aliments	○	○		
– quand quelqu'un parle de ses goûts alimentaires	○	○		
– quand quelqu'un parle des ingrédients d'un plat	○	○		
– un menu			○	○
– une enquête sur les habitudes alimentaires	○	○		
– quand quelqu'un parle de ses habitudes alimentaires	○	○		
– une page Internet sur la mode			○	○
– quand quelqu'un décrit sa tenue vestimentaire	○	○		
– quand quelqu'un donne des appréciations sur une tenue/sur l'apparence d'une personne	○	○		
– une annonce pour un jeu concours dans un magazine			○	○
– quand quelqu'un parle de son physique, de son apparence	○	○		
– quand quelqu'un donne des conseils vestimentaires et sur l'apparence	○	○		
– une page de site Internet avec des suggestions de cadeaux			○	○
– quand des personnes discutent pour choisir un cadeau	○	○		
– une page de site Internet de vente d'objets			○	○
– quand quelqu'un décrit un objet ou indique sa fonction	○	○	○	○
– la présentation d'une célébrité dans le dictionnaire			○	○
– quand une personne dit ce qu'une couleur évoque pour elle			○	○
– un court poème			○	○

Pour m'exprimer et interagir, je peux	À l'oral		À l'écrit	
	Acquis +	En cours d'acquisition +/−	Acquis +	En cours d'acquisition +/−
– nommer des aliments	○	○	○	○
– parler de ma consommation alimentaire	○	○		
– rédiger un menu			○	○
– parler de mes habitudes et de mes goûts alimentaires	○	○		
– comparer avec d'autres personnes mes habitudes alimentaires	○	○		
– présenter une spécialité culinaire	○	○		
– nommer les ingrédients d'un plat	○	○		
– décrire une tenue (forme, matière, motif)	○	○	○	○
– exprimer une appréciation positive ou négative sur une personne (vêtement, physique)	○	○		
– nuancer mon appréciation	○	○	○	○
– conseiller quelqu'un sur son apparence, sa tenue	○	○		
– dire quel cadeau je voudrais recevoir et pourquoi	○	○		
– discuter pour choisir un cadeau	○	○		
– décrire un objet, sa fonction et ses caractéristiques (poids, forme, couleur, matière et prix)	○	○	○	○
– parler de ma couleur préférée	○	○		
– rédiger un court poème			○	○

Portfolio — Dossier 8

	À l'oral		À l'écrit	
	Acquis +	**En cours d'acquisition** +/−	**Acquis** +	**En cours d'acquisition** +/−
Je peux comprendre				
– quand quelqu'un parle d'un magasin	○	○		
– des panneaux d'affichage dans les magasins et des enseignes de commerces			○	○
– des interactions entre un commerçant et un client	○	○		
– une liste de courses			○	○
– quand quelqu'un précise des quantités	○	○	○	○
– la caractérisation de produits alimentaires	○	○	○	○
– une courte présentation de restaurant dans un magazine			○	○
– la description/la caractérisation d'un restaurant	○	○	○	○
– la carte d'un restaurant			○	○
– quand quelqu'un passe/prend une commande dans un restaurant	○	○		
– quand quelqu'un recommande un plat	○	○		
– quand quelqu'un exprime sa satisfaction ou son mécontentement au restaurant	○	○		
– le récit de souvenirs	○	○	○	○
– l'évocation d'une situation/habitude ancienne	○	○	○	○
– la description de lieux du passé	○	○	○	○
– la présentation d'une émission dans un programme de télévision			○	○
– quand quelqu'un donne son opinion sur un lieu de vie	○	○	○	○
– la comparaison de conditions de vie (avantages et inconvénients), de situations anciennes et actuelles	○	○	○	○
– de courts textes qui présentent des lieux anciens reconvertis			○	○
Pour m'exprimer et interagir, je peux				
– interagir avec un commerçant	○	○		
– nommer les commerces	○	○	○	○
– rédiger une liste de courses			○	○
– préciser des quantités	○	○	○	○
– caractériser des produits alimentaires	○	○	○	○
– présenter et caractériser un restaurant (lieu, ambiance, service, nourriture, prix...)	○	○	○	○
– recommander un restaurant	○	○	○	○
– commander des plats au restaurant	○	○		
– recommander/conseiller un plat	○	○	○	○
– exprimer ma satisfaction/mon mécontentement au restaurant	○	○	○	○
– évoquer des souvenirs, une situation ancienne	○	○	○	○
– comparer des situations anciennes et actuelles	○	○	○	○
– caractériser simplement des conditions/lieux de vie, positivement ou négativement	○	○	○	○
– rédiger un court témoignage pour un magazine			○	○
– faire des recherches sur un lieu culturel et le présenter	○	○	○	○

Je peux comprendre	À l'oral		À l'écrit	
	Acquis +	En cours d'acquisition +/−	Acquis +	En cours d'acquisition +/−
– un article qui décrit la maison idéale			○	○
– la description simple d'une habitation (l'extérieur et l'intérieur, la fonction des pièces)			○	○
– quand quelqu'un explique les transformations faites dans sa maison	○	○	○	○
– une page d'un site Internet qui propose des services immobiliers (location, achat, vente)			○	○
– des annonces immobilières et des abréviations sur le logement			○	○
– quand quelqu'un demande/donne des informations sur un logement	○	○	○	○
– un article qui décrit des modes d'habitat alternatif			○	○
– quand quelqu'un indique une progression	○	○	○	○
– des témoignages sur le choix d'un habitat	○	○	○	○
– une page d'accueil d'un site de colocation			○	○
– quand des personnes échangent sur leur mode de vie en vue d'une colocation	○	○		
– des témoignages sur des expériences de colocation	○	○	○	○
– quand quelqu'un parle de ses relations avec ses colocataires	○	○	○	○
– la quatrième de couverture d'un guide pratique sur la colocation	○	○	○	○
– un règlement de colocation (interdictions, recommandations/ obligations)	○	○	○	○
– quand quelqu'un exprime son mécontentement à propos de la colocation			○	○
– la description simple de quelques maisons traditionnelles françaises			○	○

Pour m'exprimer et interagir, je peux	À l'oral		À l'écrit	
	Acquis +	En cours d'acquisition +/−	Acquis +	En cours d'acquisition +/−
– décrire une habitation de façon simple, nommer les pièces et leur fonction	○	○	○	○
– nommer des meubles	○	○	○	○
– décrire mon logement idéal	○	○	○	○
– expliquer les transformations d'un logement	○	○	○	○
– situer un événement dans le temps	○	○	○	○
– parler de ma recherche de logement	○	○	○	○
– rédiger une annonce immobilière			○	○
– demander/donner des précisions sur un logement	○	○	○	○
– témoigner/donner mon opinion sur les habitats alternatifs	○	○	○	○
– dire simplement ce que je pense de la colocation	○	○		
– interroger sur les habitudes et modes de vie	○	○		
– expliquer mes critères pour le choix d'un colocataire			○	○
– rédiger une annonce d'offre de colocation			○	○
– rédiger un règlement dans un contexte de cohabitation (interdictions, recommandations/obligations)			○	○
– décrire simplement une maison traditionnelle de mon pays	○	○	○	○
– expliquer simplement quel type de maison je préfère	○	○		

Villes et régions de France

Achevé d'imprimer en Italie par Rotolito Lombarda

Dépôt légal : Juillet 2014 - Edition 05 - Collection n° 07

15/5811/3